纸上建筑

白纸行黑字

沙页翻长河

仰望老子

5

认识论与教育观

柯美淮 著

中央廣播電視大學出版社
·北京·

图书在版编目（CIP）数据

仰望老子. 5，认识论与教育观 / 柯美淮著. ——北京：中央广播电视大学出版社，2012.12
ISBN 978-7-304-05816-6

Ⅰ.①仰… Ⅱ.①柯… Ⅲ.①老子—认识论—研究②老子—教育观—研究 Ⅳ.①B223.15

中国版本图书馆CIP数据核字(2012)第301429号

仰望老子5——认识论与教育观

Yangwang Laozi 5 —— Renshilun yu Jiaoyuguan

柯美淮 著

出版·发行：中央广播电视大学出版社
电话：营销中心 010-58840200　　总编室 010-68182524
网址：http://www.crtvup.com.cn
地址：北京市海淀区西四环中路 45 号　　邮编：100039
经销：新华书店北京发行所

策划编辑：徐媛媛　　版式设计：徐小如
责任编辑：刘媛媛　　责任印制：吴勇强

印刷：北京盛通印刷股份有限公司　　印数：1~3000 册
版本：2012 年 12 月第 1 版　　2014 年 1 月第 1 次印刷
开本：787×1092　1/32　　印张：8.5
字数：143 千字

书号：ISBN 978-7-304-05816-6
定价：35.00元

（如有缺页或倒装，本社负责退换）

纪念我善良的父母亲柯亨和、李朝清老人，纪念我善良的老师——【小学】邢治国、王兴炽（汉川人）、周光华，【中学】张松柏（黄梅人）、李宜权（监利人）、李宗俊（广州人），【师范】廖百年（武汉人）、黄黎平（武汉人）等老人。

目录

第九章 《道德经》的文学艺术和语言风格

第十章 老子的教育学理论是中国教育学的渊源

第十一章　上部结束语

第七章

老子的经济观、科学观、美学观

第一节

老子的经济观和科学观

冯友兰、胡寄窗、古棣等辩证论者说，老子反对发展科学技术生产力，他的思想是封闭的小农经济思想，还说老子主张人类社会倒退到生产水平极低的原始社会去，过动物般的生活。现在我们来看看老子是如何论述经济和科学的几个重大问题的。

一、经济生产和发展的目的问题

老子的正面主张有两层含义：首先是满足国民生存所需的生活必需品；其次是发展经济，使国民过上富裕的生活。老子反对的是满足少数权贵者的奢侈品和占有欲的经济生产和发展。简言之，满足国民的“有欲”，反对权贵者的“可欲”。

老子云：“不上贤，使民不争。不贵难得之货，使民不为盗。不见可欲，使民不乱。是以，圣人之治也，虚其心，实其腹，弱其志，强其骨。恒，使民无知无欲也，使夫知不敢，弗为而已，则无不治矣。”（三章）“五色使人目盲，驰骋田猎使人心发狂，难得之货使人之行妨，五味使人之口爽，五音使人之耳聋。是以，圣人之治也，为腹，不为目；故，去彼，取此。”（十二章）“甘其食，美其服，安其居，乐其俗。”（六十七章）

这三章主要是论述经济生产和发展的目的：“为腹，不为目。”“为腹”是吃饱肚子，食物是生存的第一需求。当然，“为腹”还包括有衣、住、行等生活方面。“为目”是为了好看，进一层，就是为了炫耀富贵。“为腹，不为目”是说国民经济生产和发展，是为了全体国民“实其腹”、“强其骨”，有一个健康的身体，而不是为了炫耀“五色”、“五味”、“五音”和获取难得之货，满足田猎娱乐。“为腹”就是满足“有欲”；“为目”就是满足“可欲”。“有欲”是天道赋予人的本能欲望；“可欲”是人“忛而欲作”时产生的罪恶的贪欲。人的“有欲”不能只停留在吃饱肚子生存下去，还要发展经济，过上富足的幸福生活：“甘其食，美其服，安其居，乐其俗。”全体国民都过上幸福生活，那才是国民经济生产和发展的有道有德的目的。少数强人的“有欲”不只停留在吃饱肚子，还要追求侵占多数人的生产成果来炫耀富贵的“可欲”，那就会“服文采，带利剑，厌饮食，而资财有余，是谓盗竽，非道也哉”。（五十三章）这就不是国民经济生产和发展的合天道人性的目的。

老子的这个经济观被孔子斥为“小人怀惠”。如果小人不怀惠，不知道君子吃什么，“君子怀德”还有什么意义？“君子四体不勤，五谷不分”，不学农，不种圃，生活必需品从哪里来呢？孔子说：“耕也，馁在其中矣；学也，禄在其中矣。”《论语·卫灵公》。原来，君子靠学习“忠君”知识去获取君主的赐禄，而一切经济生产的目的是“忠君”，“普天之下，莫非王土；率土之滨，莫非王臣”。君主和君子是靠侵占劳力者“小人”的生活必需品而使“小人”“馁在其中”，而使自己“财有余”的，是一伙“盗竽”。

二、经济制度和经济主权问题

老子云：“我无事，而民自富。”（五十七章）“毋闸其所居，无厌其所生。”（七十四章）

这两句是从根本上述说经济制度和经济主权问题的。“毋闸其所居，无厌其所生”是在解释“我无事”。“我”是执政者，“其”是国民。执政者不要限制国民的居住自由，不要厌恶国民的生产、生活的自由方式。“民自富”是说国民应该有生产、贸易的自由权利，有经济主权，自然会发展生产，使生活富足起来。经济主权在国民，国民的生产、生活自由了，自然会寻找和建立各个领域中的经济制度。促进国民经济生产发展和生活富裕的经济制度，自然是私有制的生产贸易自由的市场经济。这是一种“尊道而贵德”的自然经济规律，用西方经济学家的话来说，是“一只看不见的手”。执政者在经济主权方面只能是“无事”，只能“毋闸”、“无厌”，不干涉，不能去“有事”而又“闸”又“厌”。执政者在经济生产和国民生活上，只能以“百姓之心为心”，顺其自然，代替国民建立和执行经济法。如果执政者“有事”，去主宰国民经济主权，对国民生产和生活强行去“闸”去“厌”，强行搞计划经济的公有制，那就是生出了“一只看得见的手”，就会破坏国民生产贸易和生活的自由，侵占国民的“有欲”私有而变成满足少数权贵者“可欲”的所谓假“公有”。“公有”，其实就是少数权贵们的“私有”，把国民的土地说成“王土”，把国民的生产产品说成皇家公产品，甚至把国民说成“王臣”。

老子的这个经济观点有别于儒家的“天下为公”的经济观点。儒家的“天下为公”，并不是国民经济归全体国民所有，而是剥夺国民的私产归君主一人或君子少数人所有的“公”，即“普天之下，莫非王土；率土之滨，莫非王臣”的公有制。这种公有制是用强权推行的，并不是全体国民自愿的。现今的公有制就是承袭了儒家的“天下为公”。“天下为公”就是“我有事”，就是又“闻”又“厌”。赞成和情愿生活在公有制下的辩证论者冯友兰、古棣怎会理解老子“民自富”的经济观点呢?

老子的这个经济观点，有别于孟子的“恒产”、“恒心”观点。孟子曰：“有恒产者有恒心。”这是主张井田制，是把人都局限在一小块土地上，按血缘关系使人定居在一个个宗族的自然村落里，只“一心”从事农耕，不“分心”思考工商。这样，天下归农了，也就“天下归仁”了，天下归一统了。这是典型的封闭式小农经济思想，是政治学上的礼制思想，是伦理学上的仁义思想。其结果是：帝王掌握经济主权，重农抑商，经济落后，工商业不发达，闭关锁国。几千年来，中国人都是以置买田产和建造房产等固定资产为积累财富的基本方式，而不重视资金的流动，文人把商人贬为奸商，把金钱贬为“铜臭”。解甲归田的官吏和闲住村落的文人墨客都以田园生活为清高，而以经营工商为耻辱。而老子的“民自富”，经济主权在民，人民为了生存，能够“分心”思考各种各样的生产、生活方式，经济开放，贸易自由，这是开放的经济思想。

三、财富分配制度问题

老子云："天之道，犹张弛。高者印（抑）之，下者举之，有余者损之，不足者补之。故天之道，损有余而补不足。人之道，则不然，损不足以奉有余。孰能有余而有以取奉于天者乎？唯有道乎？是以，圣人为而弗有，成功而弗居也。若此其不欲，见贤也。"（七十六章）"圣人无积，既已为人，已愈有；既以予人矣，已愈多。故，天之道，利而不害；人之道，为而弗争。"（六十八章）"揣而盈之，不若其已；湍而群之，不可长保也。金玉盈室，莫之守也。贵富而骄，自遗咎也。功述，身芮，天之道也。"（九章）"人之饥也，以其取食税之多也，是以饥。百姓之不治也，以其上有以为也，是以不治。民之巠死，以其求生之厚也，是以巠死。夫唯无以生为者，是贤贵生。"（七十五章）"治人事天，莫若啬。夫唯啬，是以早备，是谓之重积德。"（五十九章）

以上所述，是一个物质财富分配问题。物质财富是国民经济生产的成果，如何分配是经济学的一个基本论题，包括分配权利和分配制度等问题。

老子的物质财富分配理论是这样的：

其一，分配原理："损有余而补不足"，反对"损不足以奉有余"。这个分配原理是从形而上学的天道和伦理学的人道高度提出来的，是从"天地不仁，以万物为刍狗；圣人不仁，以百姓为刍狗”的权利平等原理演绎出来的。按天道而言，人的善心和自然智慧是平等自由的，也就具有平等的自然权利。按人道而言，在社会中，人的天资适应于不同的工作，如果社会能让人在不同的工作中完全发挥天资的作用，所创造的财富价值也是平等价值，那么，人人具有享受财富的平等权利，不会被财富所引诱。故曰：“天之道，利而不害；人之道，为而弗争。”但是，在国家社会里，个人不可能都找到适合自己天资发挥的工作，也就表现出创造财富有多少的情况，于是就出现了财富占有“有余”和“不足”的现象，出现了人道违背天道的情形：“有余”的还想“有余”，“不足”的更趋“不足”。故曰：“人之道，则不然，损不足以奉有余。”这不是个人问题，而是社会问题。对于这种被扭曲了的人道造成的财富不平等现象，就只能用天道来纠正和恢复合天道的人道。故曰：“天之道，损有余而补不足。”这是财富分配的一个基本原理。

其二，建立财富分配制度主权在“民”，不在“君王”。

财富分配主权，就是经济主权的一个主要成分。社会的物质财富是国民共同创造的，国民理应掌握财富和财富分配主权。劳力者是国民，劳心者也是国民，执政者

（王）也是国民。国民凭天生善心和自然智慧，懂得拿自己劳动所得的应有的东西，不去拿别人应有的东西，也不让别人拿自己应有的东西，自然会建立符合社会状况的合理分配的经济法，会建立合理的分配制度。故曰："民莫之令而自均"，"我无事而民自富"。

在国家社会里，由于不是每个人都能找到发挥天资的工作，所以出现了天资发挥的差别，所创造的财富就有多少的差别，所拿的东西有多有少。有的财富"有余"，有的财富"不足"，这就出现了贫富不均的私有制。这种私有制能调动生产积极性，促进社会经济繁荣，私有制符合国家社会状况的合理分配制度。国民懂得这一点，就会制定保护私有财产和避免两极分化的经济法，建立福利制度，要求富人多缴纳税费，鼓励他们多做慈善事业，以保证人人能生存下去的自然权利。故曰："损有余而补不足。"

对"损有余而补不足"要正确理解。第一，"损有余而补不足"是正确的，是天道。这个"损"，不是损害、损伤富人，而是启发富人良心发现，恢复天生善心，同时有利于富人财产的安全。富人多缴税了，多办慈善事业，多做贡献了，天资发挥不好而"不足"的穷人得到了补偿，他们有所养也就不起盗心了，不妒富了。故曰："既以为人，己愈有；既以予人矣，己愈多。故，天之道，利而不害。”第二，“损有余而补不足”是合天道的人道，是民法治理经济，富人和穷人都依法所得，依法做贡献，“各得其欲”。“损”不是争斗，不是号召野蛮人去“劫富济贫”，不是号召穷人去斗争富人，不是用暴力去废除私有制而建立公有制。故曰：“人之道，为而弗争。”第三，“损有余而补不足”和“民莫之令而自均”，不是搞分配平均主义，不是“均贫富”，而是既保护私人劳动所得的合法财产，又保证人人能过上富足的物质生活，是搞社会福利事业。如果“均贫富”了，不劳而获的懒汉就会成群结队地祸害社会，出现大家穷的奇怪社会现象。故曰：“大道其夷，民甚好解，朝甚除，田甚芜，仓甚虚。”第四，“损有余而补不足”是启发贵富者懂得天道和人道，知道节制自己：“圣人无积”，“贤贵生”，“重积德”。如果只顾自己过奢侈挥霍的物质生活和娱乐生活，“不知足”，去“贵难得之货”的贮藏和积累，做守财奴，那么，不但守不住财富，还保不住生命。故曰：“治人事天，莫若啬。”“夫唯无以生为者，是贤贵生。”“揗而盈之，不若其已；湍而群之，不可长保也。金玉盈室，莫之守也。贵富而骄，自遗咎也。”“甚爱必大费，多藏必厚亡。”

老子猛烈抨击君主专有分配主权和建立不合理的分配制度。君王专有了分配主权，就必然霸占国土和国民为自己的财产，实行分封赐禄的分配制度，培养一批执行君王分配制度的官吏，这些官吏不为发展经济劳心，专为压迫和搜刮民财劳心。君主和官吏这些所谓“劳心者”是国民经济的破坏者。他们为了“厚其生”而“取食税之多”，为了“金玉盈室”而“心发狂”。他们制造极富贵和极贫贱的两种人，所谓贫富两极分化是在君王专有分配主权的社会中才有：“朱门酒肉臭，路有冻死骨。”他们制造饥民，逼得饥民轻死而做盗贼劫富济贫。他们还把君王占有天下说成“天下为公”或公有制，是人道。老子愤怒地指出，这种“损不足以奉有余”的人道是与天道“则不然”的假人道，是帝王之道。老子质问：“孰能有余而有以取奉于天者乎？唯有道乎？”这意思是：怎么能说君王“有余”的“有”的获得是合乎天道的呢？哪有道呢？当然，也是不合乎“为而弗争”的人道的。对于君王违道背德的强行占有的国民经济分配权，国民必须夺回来；对君王强蛮推行的分封赐禄的分配制度，必须废除。故曰：“去彼取此。”

老子的分配主权观点，有别于儒家。儒家所主张的分配主权是君主专有，主张的分配制度是君王分封赐禄制度。儒家把这种君王经济吹捧为“天下为公”，说是解决了“不患寡而患不均”的问题。儒家认为经济祸患不在于有贫富的人，而在于君王分封赐禄的不均等。所以，儒家的分配制度必然制造出贫富两极分化，饥民反抗，君王镇压，百姓之不治也。

四、科学技术应为发展国民经济服务，发展民用科学，反对为满足权贵者的“可欲”服务的科学，制止权贵科学

老子云：“卅辐同一毂，当其无有，车之用也。然埴而为器，当其无有，埴器之用也。凿户牖，当其无有，室之用也。故，有之以为利，无之以为用。”（十一章）“道生之而德畜之，物形之而器成之。是以，万物尊道而贵德。道之尊，德之贵也，夫莫之爵，而恒自然也。”（五十一章）“民多利器，而邦家兹昏。”（五十七章）“故兵者，非君子之器也。”（三十一章）“小邦寡民。使十百人之器毋用，使民重死而远徙，有车舟无所乘之，有甲兵无所陈之，使民复结绳而用之。”（六十七章）“绝巧弃利，盗贼无有。”（十九章）

以上章节是老子论述科学技术和生产力发展的，有些章句被排老者引用，证明老子是反科学技术、主张回到生

产力低下的原始社会去的。到底老子是不是反对发展生产力和科学技术呢？这里就此问题来论证。

第十一章被历来注老、解老家理解为一个孤立章节，褒老的人也只是解为“说明事物在对待关系中相互补充，相互发挥”（陈鼓应），或解为“认为制造出来的东西只是提供一个条件，最后使用的仍是本来就有的那个空间，以此说明‘无’比‘有’更为基本”（郭世铭）。这些解读流于泛泛而谈“无”、“有”，与上下章内容失去内在联系，更离谱的有：“老子借器物的‘有’和‘无’来说明其‘利’和‘用’，‘有’与‘无’相互发生，‘利’和‘用’相互显著。”（张松如）“这一段很巧妙地说明‘有’和‘无’的辩证关系。”

说实在的，第十一章显得突兀，突然谈科技制造问题，好像与上章说修身无关，也与下章批判奢侈生活无关，更与第八章谈“上善”无关，只好与第一章和第二章的“无”和“有”联系了。如果这样理解，老子的思维就混乱无序，论述就杂乱无章，是老子智慧低下呢，还是解说者没有达到老子智慧的高度呢？

第八章接上文论述大道“谷神”后转而论述大道“上善”，上善论直至第十三章，第十四章又转而论述大道“一”。第十一章就在上善论中，科技制造与“上善”又有什么关系呢？即现今的科学技术与伦理道德有没有关系呢？科学是研究自然物的学问，伦理是研究人性、道德的学问，好像是在形而上学之下两条平行而无交叉的互不干涉的两条直线。可是在老子看来，科学和伦理学同在善道范畴之内，都是人为学问，都要“尊道而贵德”；科学成果为伦理学提供论据，伦理学原理指导科学研究方向和制约科学研究领域。

其一，科学和伦理学都在善道范畴之内。善道赋予了人天生的善心和自然智慧，人就要从善心出发去发挥自然智慧行善。这是伦理学的理论前提，上文已有论述，这也是科学的基本理论前提。科学就是科学家从善心出发，去发挥自然智慧，研究和发明有利于人类的生产工具和生活资料，而不是研究和发明危害人类的工具和产品。

其二，科学和伦理学都必须“尊道而贵德”。伦理学是“尊道而德贵”的，上文有述，科学也要“尊道而德贵”。就科学家研究发明、创造的动机和目的而言，科学家要尊重善道，要有美德。就科学本身的研究、发明、创造的原理而言，科学家必须遵守“有无之相生”的大原理。

其三，伦理学侧重于人的精神文明，科学侧重于人的物质文明。科学的研究、发明、创造的成果，都是有利于人类获取丰富的物质生活资料，提供生存空间。科学技术的发展，也就创造了市场经济的发展，使国民经济繁荣起来。故曰：“有之以为利，无之以为用。”

其四，伦理学原理在指导和制约科学，科学成果又为伦理学提供物质论据，证明伦理学原理和促进伦理学完善。如果善道指导了科学，科学成果就都有利于人的物质生活，促使经济繁荣，同时科学成果也证明善道是真理，促进个人恢复善心和自然智慧。故曰：“不贵难得之货，使民不为盗”，“绝巧弃利，盗贼无有”。如果恶理指导了科学，科学成果就危害人的物质生活，并且危害人类生存；同时，凶恶的科学成果误导人们认为恶理正确，使人陷入更深广的迷惑深渊之中。故曰：“使十百人之器毋用，使民重死而远徙，有车舟无所乘之，有甲兵无所陈之，使民复为结绳而用之。”“揎而盈之，不若其已。”“五色使人目盲，驰骋田猎使人心发狂。”“民多利器，而邦家滋昏。”

现在来看看老子的具体论述。

第八章，老子概论大道“上善”。第九章警告人们不要贪财并告诉人们贪财的危害，反证取财应该“尊道而贵德”。第十章告诉人们应该行善道，要达到玄德的高度：“生而弗有，长而弗宰”，不能乱了人性，不要把生产和发展的科学产品——财物据为已有，从反面论述善道。第十一章论述科技研究发明、创造的大原理和科技成果的使用价值和经济价值："无"和"有"，从正面论述善道。第十二章，论述贪取物质财富带来的恶果，告诉人们要行"为腹不为目"的善道，从反面论证善道。第十三章，从人生和治天下的高度来论述功名和神圣贵重的器物都比不上生命价值，从正面论述科技成果——物质财富是为人的生存服务的，不是危害人的生命的，保命第一，从正面论述善道的"贵为身"。第八章到第十三章，为后文论述科技成果的有利或有害提供了理论依据，例如，"夫兵者，不祥之器也"，"车舟无所陈之"等。

现在来分析第十一章。

第十一章的译文是：三十根辐条共绕着一个毂孔构成了车子，车子中合适的空无部分和有形部分确定了车子的使用价值和经济价值。烧制陶土成为器具，器具合适的空无部分和有形部分定下了器具的使用价值和经济价值。开凿门窗成为房子，房子合适的空无部分和有形部分定下了房子的使用价值和经济价值。所以，人造物的有形部分使人获得经济利益，空无部分让人得到使用便利。

本章中所列举的车子、房子、用具，不是泛谈"无"和"有"，而是落实到人的具体生活中。人的生活中必需的是：食、衣、住、行、用，而人为的住、行、用三项的科技含量最多最高。所以，本章是在论述科技产品为人的生存所需服务，而不是为别的；同时论述科技的大原理“有无之相生”。为人的生存所需服务的科技当然是善道的，遵守“有无之相生”原理的科技当然也是善道的。所以，科技原理和目的都应该是“尊道而贵德”，“道生之，而德畜之”，“无”侧重于“尊道”，“有”侧重于“贵德”。

就科技原理而言，“有无之相生”是最基本的原理，其他原理都从“有无之相生”中演绎出来。“难易之相成也，长短之相形也，高下之相盈也，意声之相和也，先后之相随也”，都属于“有无之相生”的“恒也”之道。力学、相对论、大爆炸论以及一切制造原理都是“有无之相生”的相对原理。在“有无之相生”中，“无”是永恒的、无形的、自然的，人不可为之；“有”是变化的、有形的、自然的，人可为之。人模仿自然物，将有形的物质原料在“无”中依据人的意图再生“有”，就是人造物了。“无”是“零”，“有”是以“零”为始中生出的数字，适合的数字形成比例，才能适合人之所用。

就科技成果而言，人造物的使用价值和经济价值都从“有无之相生”中体现出来。“无”具有使用价值，

“有”具有商品价值。在非商品社会里，人造物只具有使用价值，不具有商品价值，其使用价值的“无”是从“有”中体现出来的。没有“有”，“无”不能具有使用的价值；没有“无”，“有”产生不了任何经济价值。车子、房子、器具就是例子。再如，一个没有“空无”部分的棍子，也要在空间中才能发挥作用。本章中所说的“有之以为利，无之以为用”，既说人造物的使用价值，又说了人造物的经济价值——商品价值。可见老子所论述的人造物是商品经济社会里的两个价值。

在商品经济社会里，一个人造物，首先必须具有“无”的使用价值，才能产生“有”的经济价值。货币只具有经济价值，但货币的最终作用是换取具有使用价值的用品。所以，“有”与“利”相搭配，“无”与“用”相搭配。“有之以为利，无之以为用”，这句话的用词十分严密、精当，不可更改。“无”所体现出的使用价值的便利、轻巧、耐用，都在“有”的原料、用工、设计精巧中体现出来。“有”的经济价值表现在两方面：一是由“无”的使用价值来表现，二是表现在自身的使用原料、用工、设计等科技含量方面。同样供人使用的运载货车，所使用的钢材原料、花费时间、设计方案以及使用的便利、载重量、速度等，都确定了它的经济价值。同样是供人住的房子，茅棚、土木结构房子、钢筋混凝土结构的房子，还有装潢的材料、空间的大小、方位等，都具有不同的“无”的使用价值，也具有不同的“有”的经济价值。总之，人造物的使用价值和经济价值比例必须适当，才是“尊道而贵德”的，符合“有之以为利，无之以为用”的原理。如果人造物的使用价值高于经济价值，那就是违道背德的交易得来的。如果人造物的经济价值过高于使用价值，那就是奢侈品，也是违道背德的。两个“如果”都没有遵守“有之以为利，无之以为用”的原理。“有之以为利，无之以为用”是人造物最基本的经济原理和价值观，经济学的其他原理和价值观都是由它演绎出来的。

第十一章所论述的是老子正面的科学观。那么，老子对科学有没有批判观点呢？答：有。老子反对科学技术为满足权贵者的“可欲”服务，即反对利用科学技术制造没有为人的生存所需的使用价值的器物。具体地说，他反对制造奢侈品和杀人武器，反对多藏人造物而使其失去作用。这在《德经》第九章、第十二章、第十三章、第三十一章以及《德经》的一些章节都有论述。最经典的句子是：“金玉盈室，莫之守也”，“五色使人目盲”，“不贵难得之货”，“绝巧弃利”，“夫兵者，不祥之器也”，“民多利器，而邦家兹昏”，“甚爱必大费，厚藏必多亡”，“及吾无身，有何梡”，等等。在老子看来，制造奢侈品、杀人武器和多藏财物都是危害和破坏国民经济的，都是权贵者的不善造成的，那样的科学家都是不善的，都是违道背德和违反“有之以为利，无之以为用”原理的，那样的科学技术“不若其已”（不如让它停止），应该“绝巧弃利”。这不仅是一个科学技术问题，而且是一个经济学和伦理学的问题。

综上所述，老子的科学观是：（1）科学属于“无为”善道范畴，人为的科学具有伦理学内容——科学有善有恶。（2）科学的基本原理和价值是“有之以为利，无之以为用”。（3）“有”体现经济价值，“无”体现使用价值，“无”中生出“有”，“有”表现出“无”的功用。（4）促进和发展有利于国民经济的民用科学，反对和制止危害国民经济的权贵科学。（5）科学研究、发明、创造的主权在国民，不在君王，科学家应该修身。科学家不能成，君王的御用文人，为君王制造奢侈品和杀人武器。

五、本节小结

经济学和科学都属于“无为”善道范畴，有伦理学成分：有善的经济学和科学，有恶的经济学和科学。善的经济学和科学的主权在国民，是为国民经济服务的，是为了全体国民享有富裕的物质生活，应该大力促进和发展善的经济和科学技术。恶的经济学和科学的主权在君王，是为君王经济服务的，只有君王及其官吏享有极富的物质生活和屠杀国民、人类的军事物质，应尽力制止恶的经济和科学技术。民主政治促进民用经济和科学技术的发展，专制政治抑制民用经济和科学的发展。经济繁荣促进科学技术发展，科学技术促进经济繁荣。

以上所述是从整体上把握老子的经济观和科学观的。那些辩证论者断章取义，用只言片语来曲解和攻击老子的经济观和科学观，只能证明他们的经济观和科学观是偏见，是为不善的君王经济和科学服务的。

第二节

老子的美学观

现今的注老解老家，说老子只讲朴实美，反对人为美，反对艺术美。这是误解。老子既主张自然美、朴实美，又主张符合美本身的人为美，反对违反美本身的有损于自然美和伤害人体健康、社会健康的人造美。

一、界定审美标准

老子云："天下皆知美为美，恶已；皆知善，訾不善矣。"（二章）这一句的意思是：天下人都知道美本身表现出的美是美的，都厌恶脱离美本身的人为美；天下人都知道善本身表现出的善是善的，都指责脱离善本身的人为伪善是不善的。这就是审美标准：以天下人的共识为标准，即"以百姓之心为心"为标准，不能以君王、圣人、美学专家的认识为审美标准。

注解"天下"一词。这是一个双音词，《道德经》里共有41个"天下"，意思有四。其一，本义，在天之下："天地之间"。其二，天地万物："天下之物"，"天下之母"，"为天下溪"，"天下至柔"。其三，国家（人类社会）：“天下，神器也”，“天下有道”，“天下无道”，“为天下”，“寄天下”，“取天下”，“修之天下”。其四，天下人（民，百姓）：“天下皆知”，“天下莫弗知”，“天下之所恶”，“天下乐隼”，“天下莫能与之静”，“天下皆谓我大”。

本章“天下皆知”的“天下”是指“天下人”。“天下皆知”是“天下人都知道”，是天下人的共识。

美和善是人的观念，道和自然界本身没有美和善的观念。本章中的“美”与“不美”、“善”与“不善”以及下文的“有”与“无”、“难”与“易”、“长”与“短”、“高”与“下”、“意”与“声”、“先”与“后”，都是人在认识世界时产生的概念。本章是承接第一章恒道中“无”“有”两个基本概念的“异名同谓”产生的“玄之有玄，众眇之门”来论述与恒道有关的另一些基本概念。恒道本身没有这些概念，是人通过认识才感到有这些概念，并且觉得这些概念“玄之有玄”，十分奥妙。“无”、“有”、“异名同谓”是奥妙的概念的“众眇之门”。“众眇之门”产生的第一组玄妙概念是“美”与“不美”、“善”与“不善”。

对于“美”与“不美”、“善”与“不善”，人们从不同的角度、地位、门派观点来看，就有不同的审美观或不同的审美标准。那么有没有共识呢？老子认为有共识。因为人天生的善心和自然智慧是平等的、相同的，天下人的共识是人的善心和自然智慧的基本体现，所以天下人的共识是审美标准。多数人认为美的东西是很少有争议的，少数人或个别人认为美的就有很大争议。例如，多数人都认为西施和杨贵妃是美的，那么西施和杨贵妃就是美的。如果一些人认为丰腴身体是美的，另一些人认为瘦高是美的，那么这两种美就有很大争议。如果多数人都认为那个人的外形是丑陋的，那么那个人的外形就是丑陋的。多数人都认为老子和苏格拉底具有善良的美德，那么老子、苏格拉底就具有善良的美德。如果一些人认为孔子和康德具有善良的美德，而另一些人认为孔子和康德瞧不起女人，不具有善良的美德，那么孔子、康德的美德就具有争议。如果多数人都认为希特勒和斯大林是不善的，那么希特勒和斯大林就是不善的；他们的门徒认为他们是善良的，那么那些门徒也不是善良之辈。所以，第二章论述的是老子的正面观点：天下人的共识是审美、审善的标准。

对于天下人的共识，老子是肯定的，没有批评的意思。在以后章节中，凡是天下人的共识老子都予以肯定。如第六十六章“天下乐隼”、第八章“天下莫弗知”。老子的概念是前后一贯的。对第七十二章，帛书甲本、乙本都是“吾言甚易知也，甚易行也；而人莫之能知也，而莫之能行也”中的“人”不是“天下人”。可是王本和其他版本则把“人莫之能知也”改为“天下莫能知”，弄成“天下人”“莫能知”了，一字之差，改变了老子的原意，使老子对“天下人”的看法前后不同，“天下人”的概念前后不一贯了。老子之言真是一字不易，十分精确。

与老子审美标准相反的观点，就是不相信“天下人共识”，看不起天下人的善心和自然智慧，认为君主、圣人、美学专家认为美的就是美的。君主、圣人、美学专家的观点又各不相同，于是就产生了许多审美标准。例如，对于美女，唐朝时以体态丰腴为美，现代人以体态瘦高为美。

所以，注老解老家们就难以理解老子的审美标准，把第二章开头一句给曲解了。

例如，董子竹的《老子我说》最为严重，完全把原意弄反了。他说：“第一，‘美之为美’（王本文字），必将是‘天下皆知’的知，并因此赋予了名分之后才是恶。这个‘天下’可以是实指人类，也可以是人类社会之外的生命体的存在。老子在此处不用‘天下人’，而用‘天下’，措词是极为严谨的，那也就是说‘美之为美’，不只是人的思维定式，而可能是‘道之所委’的一切生命体的定式。”“第二，‘美之为美’。美一旦成了美的样板、标准、原则、规范，成了‘天下皆知’的美之‘物’，或曰‘物化’，一旦‘物化’，本身就是恶，当下就是恶，而不是什么‘不善不美的先驱’南先生的老子说‘天下皆以美之为美，斯恶也，善之为善，斯不善也’，是说的活生生的‘道’的运动，生命自身运动，根本不是要求哪一个人把它当作道德原则去用，也可以说这是‘宇宙——生命’系统自身的一大悖论。”“正是由此，有无相生了……正是‘天下皆以美之为美’，‘善之为善’这个大恶所造成的。”“这是多么鲜活的‘心物辩证法’呀！”董子竹先生的解说比原意难读多了，不管怎么样，有一个意思可以猜中：“美之为美”不是人的观念，而是道自身和万物本身，并且是个恶观点——“物便与名两非”，老子在批判“天下皆知”，天下人是愚昧的。这恰与老子的观点相反。既然是“名”，道本身和物自身需要“名”吗？本章是接第一章在论“名”（概念），并不是突然论述大道或生命体自身在运动。董子竹先生的“鲜活的”心物辩证法在老子体系里是没有容身之所的。

王安石说：“夫善者，恶之对；善者，不善之反，此物理之常。”吴澄说：“美恶之名，相因而有。”王夫之说：“天下之变万，而要归于两端，生于一致，故方有美而方有恶。”王安石、吴澄、王夫之都把“天下”解为“天地万物”，认为天地万物都是美与恶、善与不善的对立统一——“归于两端，生于一致”，“相因而有”，“物理之常”。原来大儒们早就是辩证法论者，并且是先验论者，早于康德、黑格尔，这证明了李约瑟的叙述符合事实：中国的新儒早就发明了唯物辩证法，通过基督传教士传到西方，经马克思等人的科学改造，取了个洋名字唯物辩证论又传到了中国，所以中国的新儒生都成了马克思主义者。

但这不是老子的观点。在老子那里，美与不美、善与不善是人的观念，不是天地万物固有的物理观念；同时，美和善是好的，产生不了坏的恶和不善，不能互为因果。

陈鼓应的译文：“如果天下都知道怎样才算美，这就有了丑了；都知道怎样才算善，这就有了恶了。”很难弄清这句译文的意思，不过把“天下”解为“天下人”了，把美与丑、善与不善解为人的观念了。

郭世铭的译文：“要是天下人都知道什么是美，那也就说不美了；要是天下人都知道什么是善，那也就说不善了。”这意思是说，天下人是愚昧的，根本不懂得美和善，如果天下人有智慧，知道美和善，就用不着圣人去教化他们懂得美和善了。换句话说，之所以圣人要谈美和善，是因为天下人根本不知道美和善，所以圣人才谈美和善，来教化天下人。这恰好与老子一贯颂褒天下人（民，百姓）的观点相反。

古棣的译文：“天下的人都知道美的东西是美的，这个东西就变成丑恶的了。”他简直是把老子当作一个泥娃娃了，任魔术师摆弄。老子会说出这样的怪话吗?

二、美本身和美现象

“美为美”，第一个“美”原因，第二个“美”是美现象。美原因是产生一切美的美本身，美现象是美本身的现象美。美本身是形而上学的，不可感知的；美现象是形而下的，可感知的。美本身所产生的或所呈现的美现象是美的。《庄子·山木》：“其美者自美，吾不知其美也；其恶者自恶，吾不知其恶也。”《庄子·知北游》：“是其所美者为神奇，其所恶者为臭腐。臭腐复化为神奇，神奇复化为臭腐。故曰通天下一气耳，圣人故贵一。”苏格拉底也论述了美本身和美现象：“这种人认识美本身，能够分别美本身和包括美本身在内的许多具体的东西，又不把美本身与含有美的许多个别东西，彼此混淆。”“一种人是声色的爱好者，喜欢美的声调、美的色彩、美的形状以及一切由此而组成的艺术作品。但是他们的思想不能认识并喜爱美本身。”“他们不相信有永远不变的美本身或美理念，而只相信许多美的东西，他们绝不相信任何人的话，不相信美本身是‘一’。”

可见，美本身只有一个，美现象有无数个。下文就列举由美本身呈现出的几种最典型的美现象。

三、自然美：朴实美或朴素美

自然美，是指美本身在自然现象上呈现出的美，没有任何的人为痕迹的美。自然美表现出自然物的本性的朴素美。自然界本身感觉不出美与不美，是人的感觉所产生的一种美感受。

人在面对宇宙的浩瀚神秘、星星错落有致、朝霞五彩缤纷等自然现象时，不禁感叹宇宙的无穷美妙、和谐。人在面对海洋颜色由浅而深、波光熠熠时，就望洋慨叹：美好呀！祥和呀！当巨涛涌起，波浪拍岸时，人又惊叹：雄伟呀！壮阔呀！人们来到桂林，尖峰突兀而起，悬崖陡壁，灰白色石山顶上盖着一片碧绿，凸出的岩尖上垂着一株青翠，就油然发出声来：神工斧凿！泰山日出给人的感受是奇丽，峨眉山金顶的风景给人的感受是壮美。春天给人的感受是灿烂，夏天给人的感受是繁荣，秋天给人的感受是成果，冬天给人的感受是收藏。狮子给人的感受是威猛，狐狸给人的感受是聪明，羚羊给人的感受是灵活，兔子给人的感受是活泼，鲨鱼给人的感受是有勇有谋，乌贼给人的感受是奇特怪异……一句话：自然的就是美的，自然的就是和谐的。故曰：“朴散则为器”，“难易之相成也，长短之相形也，高下之相盈也，意声之相和也，先后之相随也，恒也”。

所以，天下人的共识是：自然朴实美才是美。

四、圆形之美：运动轨迹之美和自然物外形的圆弧美

在《道德经》里没有“圆”字，却有关于圆周、圆形的论述。“曲则金。”（二十三章）“万物旁作，居以须復也。”（十六章）“返也者，道僮也。”（四十一章）“復”和“返”都是在说大道运行和万物运动都是作循环运动，即圆周运动。“物或行或随，或炅或硙，或强或羸，或杯或椭。”（二十九章）“杯”是圆柱形，“椭”是椭圆形，这句是说自然物的外形是圆弧形。“大方无隅。”（四十章）“方”是方形，“隅”是方形的角，“大方”是方形无限扩大，就是没有角的圆形。可见，圆形是最完善、最基本的图形，是自然物最完善、最基本的美。下面就从自然物的运动方式、外形、形状变化来论述圆形之美。

（一）圆周运动轨迹是最圆满、最完美的运动形式

在前文“大道论”中已论述：大道德化运动是循环运动——圆周运动，自然物的运动是“尊道而贵德”的圆周运动形式。人能观察和感觉到的自然物的运动形式都是圆周运动。例如，一年四季的循环，大气循环，水循环，血液循环，一个人从生到死的圆满结束，等等。人用科学技术能测量到的运动形式也是圆周运动。例如，月亮和地球的运行轨迹是椭圆形。人所看到的直线运动、弧线运动、曲线运动，都只是圆周运动的一部分。没有一个自然物是作方形或三角形运动的。人们一直认为光的射线是直的，可是爱因斯坦的相对论发现了光线也是弧线运行，证明了老子的“大直如（屈）”。曲折运动也是圆周运动的一种形式。故曰：“曲则金。”所以，天下人的共识是：圆周运动是最圆满、最完美的。俗语中的“圆满结束”、“大团圆”就是对圆周运动的赞美。

由自然物的圆周运动而延伸出的动物的动作美就是圆周动作。动物由出发到回归的过程就是一个圆周行动过程。连续作圆周动作，是动物的一种欢快表演，人把这种表演称为舞蹈。人类的舞蹈和体操表演，以圆周旋转为难度动作，也是最完美的动作。投掷运动的抛物线是圆周动作的一部分。射箭运动者是直线，其实是抛物线运动的一

小部分。射击手要考虑靶子的距离远近确定抛物线的角度，也许他没有意识到这一点，但他的感觉经验使他那样做了。在瞄准靶心时，要依据距离远近向靶心上方抬高多少，才能射中靶心。如果只瞄准靶心，箭的落点必在靶心之下。如果瞄准靶心之下，则箭必落在离靶心更下的地方，甚至落在靶子之下，这都叫“不足”；如果瞄得过高，则箭落在靶心之上，这叫“有余”。箭的运行轨迹不是直线，而是弧线——抛物线。故曰：“天之道，犹张弓者也，高者印之，下者举之，有余者印之，不足者补之。”（七十九章）

所以，天下人的共识是：圆形旋转动作最美。

（二）自然物外形的圆弧美

人们赞美一种形态或体形所用的基本词汇是：对称美、均衡美、协调美（和谐美）。只有圆形的容量最大且便于运动，最能体现对称、均衡、协调的美。人能观察到的天体都是球形。没有固定形状的液体，在光滑的平面上自然收缩为液珠，如荷叶上的水珠。珍珠就美在是球形。植物的形状是由不同直径的圆弧结构形成的，草茎、树干、竹竿是圆柱形，叶子是椭圆形或圆锥形，果实是圆形、柱形、锥形。动物的体态也是由直径不同的圆弧结构形成。自然物中没有完全的三角形、方形、

多边形，即使山峰也是一个圆锥形。故曰：“大方无隅。”（四十章）

五、人体美：自然健康美和人为美

天地造物，万物都美，而人体是最美的。人体之美，表现在集中了各种不同直径的圆弧所组成的对称、均衡、协调的一个完善的肉体的曲线美上。

（一）人体的自然健康美

人体是父精母血等多种自然因素汇合在一起的自然物。一个身体健康的人，外形轮廓表现出对称、均衡、协调的完整的曲线美，不管从哪个角度去看都是美的。头部呈椭圆形，身体四肢呈圆柱形，该凸出的和该凹进的都生成得十分精巧，沟线、弧线的深浅和长短恰到好处，各部分之间的对称比例精确到不能改动。就面部而言，虽然有鹅蛋脸、苹果脸、枣子脸，但是五官都是按一定的比例长在不同的弧线条上，对称、均衡，绝对没有方脸和三角形脸。例如两耳，被称为耳轮，由不同直径的圆弧线构成，两耳除了方向不同外，是对称的，并且与整个脸面形成一定的比例大小。所谓“方头大耳”和“两耳垂肩”的描写是不切合实际的，如果真的是那样，那人就成怪物了。这是就人体外形的相同方面来说的。就人体外形的不同方面来说，有个子高和个子矮的，体型胖和体型瘦的，但都不损失各自的对称、均衡、协调的曲线美。个子高的呈现出魁梧美，个子矮的呈现出玲珑美，体型胖的呈现出丰腴美，体型瘦的呈现出苗条美。又例如，由于地缘关系，人种有不同，按肤色分，有黑种人、棕色人、白种人、黄种人、红种人，但肤色不影响人体的自然健康美。黑皮肤黑得油光滋润美，白皮肤有白里透红美，黄皮肤有淡黄嫩亮美，黑头发有黑如乌云美，黄头发有金发卷曲美，等等。故曰："或杯或椭"，"道法自然"。

所以，天下人的共识是：人体千姿百态的自然健康美才是美。

（二）人为美和人为丑

人天生具有善心和自然智慧的天性，就会具有爱美和塑造美的天性。人不但爱欣赏身外的美，也爱把自己打扮得美些让别人去欣赏，或者依据自己的爱美观点去为别人塑造美。如果依据某个人的体型的自然健康美去进行适当打扮，就会使某个人的体型更美，这就是人为美。如果依据个别权威者或时髦流行的美观点去改造某个人的体型，那就会损伤某个人的自然健康美，反而像东施效颦那样显出丑来，这就是人为丑。

1.体貌打扮

一个人的体貌带有父母的遗传因素，是天生的，不是后天人为可以改变的。如果身体健康，就随其自然美，无需打扮，只要保养健康就行了。如果一个人天生有病或后天生病，就需要治疗，恢复健康。这里的保持健康和治疗就是打扮。如果一个人天生高大，就是魁梧美；天生矮小，就是小巧玲珑美；天生肥胖，就是丰腴美；天生瘦条，就是苗条美，只要饮食适当，保持天生体型就行了，饮食适当就是打扮。关于父母遗传具有很大的科学学问，同样是各具特征的美貌的父亲和母亲，会生出外型不太美的儿女；同样各自不太美的父亲和母亲，会生出美丽的儿女，这有一个父母体型互补适当和互补不适当的问题。例如，父亲宽额，母亲尖下巴，生出的儿女就会宽额尖下巴，就互补不适当。父亲高个，母亲矮小，生出的儿女不高不矮，互补适当；不管父母的外型互补得适当还是不适当，一个人被生出来了，外型就被定了，后天不去改变体型，也就是人为美。但是，有人要凭自己的嗜好和时髦的影响，违背人的天性去改变人的体貌，损害人的身体自然健康美，这是人为丑。

在中国历史上就不乏这种人为丑。楚王爱细腰，汉成帝喜爱赵飞燕能在掌上跳舞的小巧玲珑，就成了细腰美或玉观音美。一时间，王公贵族就提倡细腰美和小巧玲珑美。女人们都去效仿，想法子把个子变矮变小，严重地损害健康，摧残妇女。再如唐玄宗不喜欢梅贵妃的苗条美，却喜爱杨贵妃的丰腴美，官方就提倡肥胖美，说是“一肥盖百丑”。又称为肉材美。一时间，女人们就尽力使自己肥胖起来，大量进食油腻食物。男人们也感到肥胖是一种富态美，所谓“肥头大耳”、“福肚子”，也尽力使自己变肥胖，吃油腻物和补身药物，严重地损害健康，摧残身体。宋朝皇帝却喜爱女人皮肤白里透红和体态婀娜多姿美，加上宋儒们歧视妇女，说什么“男主外，女主内”，不准妇女外出活动。于是，少女被关到闺阁中，成了白肤色，涂上胭脂，成了白里透红；又被强逼裹足，成了三寸金莲，一种病态的白里透红、走路扭捏的美出现了。这种“儒术独尊”下的女人美直到辛亥革命时才被否定。

现今的中国，有更为严重的改变人的体貌的人为丑的美学观。在毛泽东时代，大家饿肚子，公职人员每月四两食油票，半斤肉票，还经常买不上。农民食油更少，一年到头只能见到两次猪油腥子。大家都是骷髅美，十分羡慕肥胖美，希望儿女是个胖宝宝。邓小平时代解决了温饱问题，城市居民进油腻食物过多，都变肥胖了，胖宝宝多了起来，于是就羡慕起瘦身美或骷髅美来。西方国家富裕，胖人极多，知道肥胖是病，就想法子瘦身，加上西方人本来个子高，就时兴起高个子、瘦身材的骷髅美来。从年龄上来说，青年男女最爱身材美。有些别有用心的人，就抓住人们的这种心态，想法子来赚钱，人为地制造出一套尺寸标准，举办选美竞赛，以高瘦身材为美，即以“三根骨头四根筋”的骷髅身材为美，引诱生活经验不多、理性不强的少女们去绝食或节食瘦身，严重地损害身体健康，有的甚至饿死。西方这种违道背德的美学观，却被中国的美学家“拿来”了，中国一时兴起高个瘦身美，说什么“男人在一米六以下是半残废人”，“女人在一米五以下是半残废人”。中国人当然没有白种人、黑种人那样的高个子，中国女人也没有白人妇女那样的高胸脯、大屁股，城市人却有白种人那样的肥胖，农民是用不着担心自己肥胖起来的。于是，城市里就掀起了一股时髦的增高减肥热潮来。一些别有用心的人就趁机赚钱，制作出增高鞋、减肥衣和许多增高减肥药来，还出现拔高脚骨、削平颧骨的外科美容医师，真是无奇不有！于是，城里出现了一批骷髅美女，同时一批具有各种现代怪病的少女也出现了。结果，骷髅美女和得怪病的少女们都在摧残健康，减少阳寿。

综上所述，对于人的体貌打扮，分为两种情况。一种是保持天生体貌特征，促进健康成长，有病就治，饮食正常，就是人为美。另一种是改变天生体貌特征，饮食不正常，服食增高减肥或减高增肥的药物，改容换骨，都是损害健康、追逐一时的时髦美，却减少了个人的阳寿，等于慢性自杀，这不是人为美，而是人为丑。少男少女们，绝不可受少数权贵者和别有用心的美学家的美学观点的引诱，去损害自己的健康，乃至减少自己的阳寿。有什么比生命更可贵的呢？有什么美比健康自然更美的呢？健康美是终生美，时髦美或流行美是一时美，如果图一时美去损害终生美，会后悔莫及的。

所以，天下人的共识是：保持体貌自然健康美是人为美，损害体貌健康的美是人为丑。故曰："唯与之阿，相去几何？美之与恶，相去若何？""物或行或随，或炅或碰，或杯或椭。""道法自然。""为者败之，执者失之。""夫唯无以生为者，是贤贵生。""是以圣人去甚，去大，去楮。"

2.体形外表突出部分打扮

人们会注意体形外表突出部分的打扮，例如肤色、面部、五官、毛发、指甲等部分。

对肤色、面部这些突出部分的适当打扮，是一种爱美的正常现象，但是，如果去改变这些部分就有害了，不但不美，反而变丑。

肤色的打扮。自然界的颜色，按由浅（白色）到深（黑色）的次序，有白、黄、红、青、蓝、黑为主色，同一颜色，也有深浅之分。每一种颜色有每一种颜色的美，世界才呈现出五颜六色、色彩缤纷的美。人是自然物，肤色也同自然界色彩相同，每种肤色都美，才表现出多种肤色的协调美。每种人或每个人要打扮自己的肤色，必须依据自己天性的本色，不使自己失去本色，才显得自然美。如果不依据自己的本色来打扮，在本色上乱涂乱画，就失去本色美，就是大花脸的脸谱，丑得吓人。例如，你是黄种人，黄皮肤就是一种自然健康美。如果肤色不正常，可以化妆打扮，恢复天生的正常黄皮肤的自然健康美；如果皮肤粗糙干燥，就可以涂润肤霜，恢复皮肤的油光滋润；如果皮肤有斑点黑块，可以治疗消去黑斑；这些都是正常的有利健康自然美的打扮。如果你去换肤，破坏了表皮，伤及真皮，那就使肌肉失去了保护层，得到一时的嫩亮美，失去了终生的皮肤美，还有可能患皮肤病，人为地制造出丑陋。如果你羡慕白种人的美，用化学剂强行给皮肤增白，不但得不到白色美，还会失去黄皮肤的美。如果你羡慕多色多彩美，把眼皮涂成蓝色，把嘴唇涂成猪肝色，把指甲涂成紫色，把手臂、身躯纹成多色，那就把肤色妖魔化了，显出吓人的丑来。“轻描淡写”是正确的，“浓抹厚涂”是错误的。

毛发的打扮。头发、眉毛在显眼处，所以人们重视毛发的打扮，理发、美发业由此产生和兴盛。美发是一种美术造型制作。理出什么样的发型，描画什么样的眉毛，剪什么样的胡须，都要依据本人的毛发、体型、年龄、肤色等方面。一个好的发型师，就是一个美术家。中国古代，男女都不理发，男人不露头发，用布巾或帽冠裹住；女人露发，梳理打髻。男人修胡须，女人画眉毛，只是轻剪淡描。不理发有弊病，长头发给人带来动作不方便等麻烦。自从佛教传入，理发业时兴起来，和尚、尼姑剃光头，俗人也学着剃光头。清军入关，有个口号：“留发不留头，留头不留发。”强迫汉族男人剃头蓄长辫子——剃去头前部分的头发，把后部分头发梳成长辫子，理发业由此兴盛起来。辛亥革命又有个口号：“剪去辫子。”中国人又剪去长辫蓄西式头，理发业发达起来。日本侵略中国，有个别中国人看到日本人留胡须，就学着蓄起来。

面部、五官的打扮。人的面部五官是天生的一张精巧和谐的图画，每人都有一张与别人不同的面孔，表现出各种不同的美来。天生的面部、五官只要是健康的，是用不着打扮的，如果有病，治疗一下就行了，治疗就是打扮。可是，人的面部、五官一年四季都显露在外面（除了伊斯兰教的妇女外），体现着一个人的主要外貌美。所以，美术家、作家把面部五官作为主要的描写对象。例如，“宽广明亮的前额”，“国字脸”，“鹅蛋脸”，“诱人的酒窝”，“浓眉大眼”，“眼睛是心灵的窗户”，“鼻若悬胆”，“高高鼻梁”，“樱桃小口”，“碎白玉般细牙”，等等。于是，人们就在面部五官上下功夫打扮起来。单眼皮割成双眼皮，用手术把尖额头和塌鼻梁变为宽额头和高鼻梁，把高颧骨削平为低颧骨，把排列整齐的门牙拔掉，换上人工细牙……真是令人不寒而栗。如此摧残青年男女身体的美容方法，真亏那些美容师和美容医师狠下心想得出来。一个人的额头、眼皮、眼睛、鼻梁、颧骨、牙齿、嘴巴都是与整个面部轮廓按天生比例和谐在一起的，怎能用人工手术去改变呢？例如，单眼皮割成双眼皮，眼皮面积就会缩小，有部分眼睛就失去了眼皮的天生保护，必然容易患眼病。鼻梁的高低是与整个呼吸系统成比例的，改变了就损害呼吸系统。打架打掉别人的牙齿是伤了骨的轻伤，打人者要被判刑和罚款的，那些美容师和美容医生拔去了别人几个没有病的门牙和削去了别人的颧骨，是制造了重伤，简直应该判重刑和罚大款。外科医生没有把手术箝从病人腹中拿出，是无意犯罪；美容师有意把玻璃管植入别人没有病的鼻梁简直是故意犯罪。所以，凡是为了赚钱去伤害青年男女面部和五官的美容师、美容医生简直都是罪犯。

所以，天下人的共识是：化妆打扮是为了保持人的本色美、原型美，适度的化妆打扮能增加和延长本色美、原型美；过度的化妆打扮就损害本色美、原型美，是适得其反。故曰："天下皆知美为美，恶已。"

六、人造物的美与丑

人的善心表现为理智，自然智慧表现为"忛而欲作"的创造精神。善心（理智）启动和制约着自然智慧——"忛而欲作"的创造精神。这就是说，人能够和只能创造满足生命所需的美的实物，同时，人又能够和可能创造过度满足生命需求反而损害生命的丑陋实物。故曰："知常，明也；不知常，妄；妄作，凶。""使十百人之器毋用，使民重死而远徙。有车舟无所陈之，有甲兵无所陈之，使民复结绳而用之。甘其食，美其服，乐其俗，安其居。""五色使人目盲，驰骋田腊使人心发狂，难得之货使人行方，五味使人之口啪，五音使人之耳聋。是以，圣人之治也，为腹，不为目；故，去罢，取此。"

关于人造物的美丑，老子对食、衣、住、行和娱乐都作了全面的纲领性论述。

（一）“甘其食”：美食观

“甘其食”的“甘”，不仅指甜味，而且是指有利于人体健康的一切食物的味道，包括了甜、酸、苦、辣、涩。人舌头里天生的味蕾，是适应于一切自然食物的味道的，不可偏重于一种味道。人不可能去创造味蕾。故曰：“未无未。”（六十三章）

人为了有利于身体健康成长和贮藏食物，对食物进行加工，去掉刺激味道，激发人的食欲，适应味蕾的承受限度，有利于消化，为此而创造出许多种饮食器皿，创造出许多种调味品和调色剂，创造出多种储存食物的方法和机械，养成适应多种恬淡味道、食物丰富和定时进食的良好习惯。这是人“恸而欲作”的创造精神，是“知常，明也”，是善心——理智的表现。这才是真正的“甘其食”，是自然的美食观。

可是，人类在政治文明社会里，饮食观点受到君王伦理学和政治学观点的污染，偏重于一种或几种味道，偏重于一种或几种食物，偏重于饮食的色素，甚至偏重于炫耀摆阔、大吃大喝，养成有害于身体健康的饮食恶习。为了满足这种饮食恶习，人们就制造出许多偏于一味和几味的刺激性调味和调色素，制造出许多饮食奢侈器皿，制造出程序复杂的过多的机械，甚至对食物进行不必要的奢侈包装。例如，有人嗜好酒味，有人嗜好辣味，有人嗜好甜味，有人嗜好酸味，有人嗜好咸味，有人嗜好苦味，有人嗜好肥腻，各种味道偏好都出现了。有人一味追求食物精细的味道，五谷杂粮、蔬菜水果，去壳去皮去纤维，肉食去皮去骨。有人一味追求饮食色泽好看，添加化学色剂，为了面粉白得好看，添加增白剂。有人为炫耀等级富贵，美食分出档次，一餐饭吃到万元、十万元、百万元，一盒月饼包装出百万元。这样做损伤了牙齿、味蕾和整个消化系统，甚至造成食物中毒。饮食的营养成分大减，营养不丰富全面，使身体得不到所需的成分供给，闹出许多病来，正所谓“病从口入”。饮食失去了使身体健康成长的原本营养作用，故曰：“五味使人之口啪”，“厌饮食，而资财有余”。这种饮食观，当然不是美食观，而是丑食观。

所以，“美食”的“美”，并不是个别或少数美食家所品味出的“美”，而是天下人共识的五味兼全、营养丰富、有利于人体健康成长的“美”。“甘其食”的“其”，是“民”，是天下人，不是个别人或少数人。

（二）“美其服”：衣服穿戴美

“美其服”的译文是：“天下人的衣着穿戴舒适美好。”其，指代民，天下人。服，包括衣服、转帽、袜子、手套等。美，舒适，漂亮。衣服的“美”应有三种内容：一是御寒，挡风，隔水，遮光；二是遮羞；三是合身舒适，大方美观。这三种内容，有实用价值、欣赏价值、经济价值。实用价值是基本价值，失去了实用价值，欣赏价值和经济价值就没有附着处了，就表现不出衣服的“美”了。

将“美其服”的“美”进一步分析解说，就有六层意思。第一，保护身体健康成长。衣服能御寒、挡风、遮光、隔水、遮羞，这是衣服最基本的作用，是衣服的本初意义，所以是第一美。第二，合身得体，即所谓“量体裁衣”。这就分为高矮胖瘦、男女衣服。这既能增强衣服的基本作用，又能增添体态美，还能表现工艺美。第三，穿得舒服。这就要求有内衣和外套之分，内衣要求布料细软，做得宽松，不擦伤皮肤。舒服是衣服美的内容之一。第四，行动方便。穿上衣服当然不如不穿衣服那样行动方便，既然要穿衣服，就尽可能减少衣服束缚身体，这就有休闲服和劳动服之分。衣服的“美”就在各行各业和各种场景中表现出来。第五，衣服既要体现保护身体作用，还要注意色泽、亮度、厚薄。这就要依据气候、环境的不同制作衣服，春、夏、秋、冬不同色泽、亮度、厚薄的衣服，使衣服在不同的气候、环境中表现出“美”来。第六，不同的民族服装。这是由民族所处的地理条件形成的，衣服具有保护身体的作用，表现民族服装的“美”。

服装美，在专制社会和现代一些别有用心的美服家那里遭到歪曲。

在专制社会里，按照尊卑、贫富的等级，衣服也分等级，有官服和民服，有各级不同的官服，有富人服和穷人服。中国的皇帝，不论季节气候变化，都要穿龙袍、龙帽、龙鞋；一品官也不论年龄、身材差别，穿统一的一品衣装；等等。虽然显示出尊贵，但这都是在摧残人的身体健康。如果平民错穿了官服，低品的官错穿了高品的官服，皇帝以外的人制作了龙袍，就要遭杀头之罪，衣服失去了原本的作用，被扭曲为伦理政治的装饰品。衣服还“美”吗？在专制社会里，就穿戴打扮而言，妇女身体受到的摧残最为严重：她们被强迫裹足穿小鞋，被称为“三寸金莲”；小小的耳垂要受到重金属的垂吊；运动神经众多又敏感的脖子，挂压上金属；思考问题的头脑要被龙头额压住和扎住。试问：这还有穿戴美吗？俗语云：“懒婆娘的裹脚布，又臭又长。”这显然不是美，而是丑。但是，这“又臭又长的裹脚布”是妇女愚昧无知，还是专制社会愚昧无知呢？

社会到了今日，服装开放了，天下人共识了服装的美。但是，又出来一些别有用心的美服家来，他们扭曲服装美，特别是误导少女着装，摧残少女健康。第一，抛弃衣服保护身体健康和穿得舒服的功能，制作各种紧身内衣，粗厚外衣，紧束皮带，加重高帽，高跟鞋，损伤皮肤、足脚、胯穴。第二，抛弃遮羞的功能，制作各种显露沟线、脐孔的性感衣服。第三，抛弃方便行动的功能，制作各种拖地、飘带的奇装异服。第四，抛弃服装依据环境的不同选择色泽、亮度、厚薄来保护身体的功能，制作色彩缤纷的衣服，使人眼花缭乱。第五，抛弃民族传统衣服的原理，制作千篇一律的西服。

衣服失去了保护身体健康的功能，失去了实用价值，还有什么“美”可言？“美其服”的“美”，不是个别或少数权威者、美服家所认定的“美”，而是天下人共识的保护身体健康的美。

（三）“安其居”：住房美（建筑装修美）

“安其居”。安，安全，身体不受侵害。其，天下人。居，居住，住房。译文是：天下人居住得安全舒适。居所的美，美在住得安全舒适，身体健康不受侵害。“安”是房屋的基本美，只有在“安”的基础上才允许建筑装饰的外表美。例如，气势雄伟，具有防御功能，有助于“安”，才有雄伟美。

房屋的美表现在七个方面。

第一，房屋与地形环境相协和的美。选择居住的自然环境很重要，中国人由此产生了阳宅地形风水学，讲究地脉风水走向，地质结构和土壤状态，草木盛枯，地貌形状，阳光照射程度，阴阳二气清浊状态，等等。如果房屋和房屋形状所选与地理环境协和，浑然一体，就具自然美，也就令人身心愉快，健康少病，人畜兴旺，子孙繁盛，人所得的天资就健全，也发挥得好，加上后天接受善的教育，容易出自然智慧发挥得好的圣贤人，如哲学家、科学家、文学家之类。这些地理风水知识，不是迷信，而是科学。这些科学的地理风水知识，后来被歪曲成了君王所需要的巫术，就成了迷信了。例如，做房屋动土、下脚、架门、完颠（封顶）都要看生辰八字的年月时辰，并由此推及阴宅（坟基）等，这才是反科学的迷信。中国的地理风水年月先生恰恰是靠地理风水学的神秘的迷信部分来骗人钱财的，真正懂得科学部分的地理风水学的人极少。靠迷信来选择居所的环境和设计的房屋外形必然是与环境不协和的，是丑的。

第二，房屋建筑的向旨和三大要素的美。房屋的向旨是指大门、窗户的方向。三大要素是指向阳、通风、排水。中国的地理风水学认为，房屋的向阳以朝南或朝东南为最佳，只在受到地脉走向所限时才不得已向北、向西，向南或向东南最能表现三要素的最佳实现。向阳就是采光好，门房亮堂。通风就是空气好，并且避开凶猛的西北风的侵袭。排水一般水向东流，排掉污水和积水，使房屋保持干爽，没有污水沟繁殖蛀虫。就向阳而言，阳光不可直射，光线不可太强。阳光有余，就显得炽热，有利于苍蝇、蚊子和细菌繁殖，容易患湿热病和炎症。阳光不可不足，光线暗弱，有利于老鼠、蛇蝎和喜暗的细菌繁殖，容易患虚寒和脾胃肝气不足症。就排水而言，建在坡地的房屋要注意保持土壤的湿度，防止干燥起灰，防止泥石流。建在平地的房屋要排尽污水，不可渍水，使房潮湿，特别是不要蓄留暗沟，暗沟容易蓄积污水，滋生有害生物和释放有毒气体。中国的地理风水学的迷信部分说“肥水不流外人田”，主张留天井，水向室内流，由暗沟排出。这是不科学的，有害于人体健康。就通风而言，房屋要通风好，保持空气流动新鲜，如果空气流动差，浊气停滞，对人体的危害是多方面的，要注意预防狂风袭击。窗户大小要适中，中国的古式房屋，窗户狭小，有利于防盗，但不利于通风，弊大于利。

第三，房屋的三个基本部分的协和美。三个基本部分是指正屋（主体建筑）、门楼、院落。如果只有正屋而无门楼台阁和院落场地，户外活动无场所，正屋无遮蔽，大门前无美观，即使室内铺金涂银，也只是一个贵重的盒子，不利于人体健康，也给人一种孤零零的或闭塞的感觉，无美可言。房屋的三个基本部分比例要适当，如果正屋不大，门楼可小巧玲珑，院落不可太宽大；如果正屋高大，门楼就要雄伟，院落就要宽敞。

第四，正堂设计。厅堂要高大、宽敞、明亮，给人开阔的感觉，不可狭窄、矮小、阴暗，给人闭塞的感觉，所谓“高屋大厅”是也。住房要分主房、小房、书房（电脑室）、乐器室等。房不要很大，存放物不可太杂，在于功能分散使用。整体房屋外形，以与周围地形环境相协和为美。圆顶形房屋与宇宙相协和，有利于人体健康。门楼和门窗，不可方方正正，要有圆弧形。

第五，建筑材料。有条件的以土木材料为宜，有利于人体健康；次之，以钢筋混凝土为建筑材料。基础要打牢，要有防震功能；不能只考虑下压力，还要考虑平移力和摇晃力，预防灾难发生。

第六，房屋装修美。就人体健康而言，房屋装修以简朴为好为美，以金碧辉煌为坏为丑。墙壁以涂抹一层不脱粉的石灰为好，地面以铺实木地板或地毯为美，尽可能减少使用现代化装修商品，使现代化装修商品的需求减少，迫使有害装修商品的生产萎缩以致消失。金碧辉煌只是满足权贵的奢欲虚荣感，实则摧残人体健康。灯具装饰，以白炽灯为主，减少人造有色灯的使用。厅顶装修不可太重，不使用笨重的吊灯，避免危险事故发生。长寿的人，不在金碧辉煌的宫殿里，而在山林原野里。室内外、园地，可以依据主人的爱好兴趣，摆上一些赏心悦目的盆景之类的欣赏品，少摆人造的塑料制品。

第七，家具美。人类模仿自然物制造出一些便于使用的生活家具。家具美的第一意义就是有利于人体健康和省力省时。例如，床和床上用品。人一生中三分之一的时间是睡觉，床的使用关系到人的健康长寿。床的功能是供人睡得舒服，睡得熟，清除疲劳，养足精神。所以，最好最美的是木板床，其次是棕绳床，再次是席梦思软床。床上用品最好最美的是棉麻等植物纤维的纺织品，最坏最丑的是花花绿绿的化学纤维和金属制品。木板床使人的颈椎骨、脊骨、四肢不变形；植物纤维品简朴实用，不侵害人体，不分散人的注意力，便于入睡。席梦思柔软，使人容易患颈椎病、肩周炎、脊髓炎、腰间椎盘突出、肌肉萎缩等疾病；化学品和金属品容易侵害人体，欣赏价值高的奢侈品容易分散人入睡时的注意力。中国皇帝的龙床雕刻和修饰得最华美，皇帝就可能经常失眠短寿。试问，你是选择有利于健康的木板床，还是有害于健康的席梦思美呢？

为什么要以华贵好看而有害健康的床为美呢？以此类推，其他家具都应以不利于身心健康的奢侈品为丑。故曰："使十百人之器毋用。"

（四）车舟之美：行具的美

老子主张制造有利于人类生产、生活的车舟之美的行具，并提出了制造的基本原理："有之以为利，无之以为用。""利"和"用"不可偏举。车舟之美具体表现在四个方面。第一，车舟扩大了人类生产、生活的范围。舟（船）的出现，使人能到深水中捕捞大型鱼类，同时发现水那边还有陆地。车的使用，使人能到远处耕作，迁徙便利。第二，车舟克服了人类的交通障碍。俗话说："隔山容易隔水难。"舟的出现克服了"隔水难"，特别是后来发明了飞机，山水之难都不存在了。第三，车舟减轻人力和畜力的运输负担，增加了运输量，促进和扩大了工商业、贸易业的快速发展。第四，以车代步，有利于行走不便的人出行。

但是，车舟的功能被专制社会扭曲了，使之变为战争和炫耀贵富的用品。君主为了打天下和治天下，就强迫和引诱工匠去制造战车战船。君王和士大夫为了炫耀贵富，强迫和引诱工匠制造华贵的车辆和游玩龙舟。到了后来，又发明了坦克车、军舰之类的战争工具和高档轿车。车舟成了杀人和役使人的工具，哪有美可言呢？战车战船之类的东西应该被消灭，恢复车舟的原有功能。故曰：“有车舟无所陈之，有甲兵无所陈之。”

（五）“乐其俗”之美：良好的风俗习惯

“乐其俗”的“俗”，是指良好的风俗习惯。“乐”指娱乐。译文是：天下人共享良好风俗习惯的娱乐。

老子云：“意声之相和也。”（二章）这里的“意”是天意，是民意，是百姓之心；“声”是自然之音，是民心之声。“百姓之心”与“百姓之音”相和谐，才是真正的“乐其俗”。天下人不仅需要“甘其食，美其服，安其居”，还需要“乐其俗”。“意声之相和”的娱乐才是天下人共享的世俗娱乐。这种有益于天下人身心愉悦的世俗娱乐是多种多样的，有音乐、舞蹈、体育、美术、戏剧等一切艺术活动。在《道德经》里，没有一句反对百姓世俗的句子，全是“以百姓之心为心”的世俗的话语。可见，老子并不是反对世俗的隐士、道士、和尚。

但是，“乐其俗”的本意被君王们抛弃了，变成了只传君王之“意”之“声”的恶俗寻乐。在儒家的“乐”里，“乐”被划分为许多等级，以“乐和之”是以君王之乐来征服天下人，哪里有“和”之意义？当鲁国季大夫行“佾舞”时，孔子气得发火：“是可忍，孰不可忍也！”有的暴君以看杀人为乐，以自己杀人为乐，以暴虐妇女为乐，以吃小孩子的心肝为乐，等等。对于这种并非天下人的“乐其俗”的乐，老子坚决反对和批判。故曰：“五色使人目盲，驰骋田脂使人心发狂，难得之货使人行方，五味使人之口㘑，五音使人之耳聋。”

七、人的心灵、言行的美与丑

人心灵的美与丑，决定着人的语言、行为的美与丑。心灵美，则语言和行为就美；心灵丑，语言和行为也就丑。

（一）心灵的美与丑

人天生具有善心和自然智慧。心灵的“心”指的是善心，“灵”指的是“自然智慧”。善心和自然智慧是天生美的，所以心灵天生是美的，无所谓丑。如果一个人保持了天生心灵不受后天专制思想的蒙垢，就保持了心灵美。故曰：“天之道，恒与善人”，“心善渊”。所谓心灵不美或丑，那就是心灵在后天受到了专制思想的蒙垢，心灵上的蒙垢是不美的或丑的。通过修身养性，去掉了心灵上的蒙垢，就恢复了心灵美。所以，老子主张“绝圣弃知”、“绝仁弃义”、“绝巧弃利”来清除心灵上的蒙垢，恢复心灵美。同样，释迦牟尼要人“离妄想”、“破除我法二执”，苏格拉底要人“认识你自己”，都是要求去掉心灵上的蒙垢，恢复心灵美。

心灵美，老子称为“德善”，俗称“美德”或内在美，是一种天生美、自然美、朴素美（“见素抱朴”），不受人体外形的影响。庄子多处述说人的这种心灵美胜过体形美。《德充符第五》里，第一个人叫王骀，只有一只脚，所招引来的学生与孔子一样多。孔子自叹不如，赞叹王骀：“游心乎德之和”，“视丧其足，犹遗土也”。第二个人叫申徒嘉，也是一只脚，与子产同学，美德优于子产，令子产羞愧：“吾与夫子游十九年美，而未尝知吾兀者也。”第三个人叫叔山无趾，被人砍断了脚趾，其美德令孔子敬佩。第四个人叫哀骀它，外貌极丑陋，了解他的男人舍不得离开他，熟悉他的女人争着要做他的妻妾：“德不形者，物不能离也。”第五个人叫闉跂支离无脤，拐脚、驼背、没有嘴唇，有美德。卫灵公喜欢他，反而看到体形健全的人觉得脖子又细又小而不健全。所以庄子感叹说：“德有所长而形有所忘。人不忘其所忘而忘其所不忘，此谓诚忘。”庄子的意思是：对人了解了，才能透过外形辨别出心灵的美与丑。看见心灵美就忘记了他外形的丑与美，不应该只记住外形而忘记品德。

（二）语言的美与丑

老子云：“信言不美，美言不信。知者不博，博者不知。善者不多，多者不善。”（六十八章）“善言者无瑕适。”（二十七章）“美言可以市，尊行可以贺人。”（六十二章）“信不足，安有不信。犹呵，其贵言也。”（十七章）“夫礼者，忠信之泊也，而乱之首也。前识者，道之华也，而愚之首也。”（三十八章）

这里的“言”，是话语、文章、知识、理论。“言”有两种：一是善言，信言；二是美言。善言和信言是发自天生心灵美之言，是忠实之言，可信之言，朴实无华之言，真知识、自然智慧、真理，才称得上语言美。美言是发自心灵丑之言，是华丽之言，是花言巧语，是不可信的谎言，信不足的漂亮话，假知识、伪智慧、谬论，才称得上语言丑。在语言表达方式上，善人、圣人“贵其言”，抓住要点，话语不多，朴实无华。而不善人话语“多”而“博”，滔滔不绝，玩弄辞藻。在语言效果上，善言、信言“无瑕适”，没有恶意，“可以贺人”，使人受到启发和觉悟。美言制造言论混乱（“乱之首”），愚弄众人（“愚之首”），从中“可以市”，“夺众货之贾”（王弼语），话语被当作商品出卖，猎取名利。

老子的这些话，可谓把语言美和语言丑界定和区分得很清楚了，论述了语言美和语言丑产生的原因、表达的方式、造成的效果。

如果对老子关于语言美与丑的观点作进一步解说，那就要回答如下问题：谁需要说真话？谁需要说假话？如何分辨真话和假话呢？

谁需要说真话？答曰：天下人需要说真话。为什么呢？话语是心灵的表达。天下人的心灵具有天生的善心和自然智慧。只有善心，才有善言，只有自然智慧之光才能照见真理。天下人需要有共同的语言来表达共同的心愿，来追求共同的平等利益。他们不需要互相隐瞒观点，不需要说话遮遮掩掩，而需要说真话，需要凭良心说话，说话直白朴实，通俗易懂，方便互相交流和理解，取得一致见解，达成“同意”的契约，产生共同行动。

谁需要说假话呢？答曰：君主和寡头以及少数具有特权利益的统治者。为什么呢？他们的心灵有了“可欲”的蒙垢而产生了恶念和人为智慧（“恶念”怎样产生的，见前文“论恶”），只有恶念，才有恶言；只有伪智慧，才能产生谬论。他们的恶念是要使一人、一家或一小伙人占有天下的所有利益，使天下人臣服。他们的伪智慧就是要独裁天下人的意见为一人或一小伙人的“圣旨”或“政令”。他们知道天下人的善心和自然智慧与他们的恶念和伪智慧水火不相容，他们就要用美言把他们的恶念和伪智慧装饰成天道、人道，使天下人抛弃天生善心和自然智慧来相信他们的恶念和伪智慧是真理，破坏天下人的知心交流，使天下人不能取得一致意见而产生共同行动。要实现他们的恶念，就需要说话遮遮掩掩，玩弄术语，辞藻华丽，使天下人越感到神秘难懂，越觉得他们智慧高，是天才，就越能使天下人“理解的要执行，不理解的也要执行”，天下人只需要忠君就行了。天下人就被愚弄了。如果天下人中有保持了天生善心和自然智慧的人，识破了他们的语言丑，要揭露他们，他们就用“文字狱”之类的暴力文化来惩罚觉悟高的人。

如何辨别真话和假话呢？下层民众从老子的记述中可以归纳出这样几个简单方法。其一，在听话和看文章时，要抛弃一切习俗和权威思想，单存一份良心，看所说的话是不是良心话，是不是说到你的心坎上去了。要相信自己，绝不要认为领导、官方、教授所讲的就是对的。其二，在听话、看文章时，你的情绪被激发起来，如果激发出的情绪要你为说话者效忠，去怨恨别人，损害别人，甚至去杀人，这话就不是善言。如果激发的情绪要你凭良心去办事，与人和睦，这话是善言。其三，听话、看文章时，你感觉到这话是有利于下层人的，是在为下层人争权利，就是善言；如果这话是要你认可和安心于尊卑、贫富差别，产生听天由命的思想，这话就不是善言。其四，听话、看文章时，这话与你自身和周围的现实不符，就是假话；这话与你自身和周围的事实符合，这话就是真话；其五，听话、看文章如果不是有语言障碍，这话说得十分漂亮，辞藻华丽，长篇大论，你凭良心也不能理解，那么这话是假话；如果这话说得朴实、言简意赅，你能理解，那么这话是真话。

（三）行为的美与丑

行为的美产生于心灵美，行为的丑产生于心灵丑。行为美是善行，行为丑是恶行。老子云："善行者无辙迹。"（十七章）关于行为美和行为丑详见前文第五章"善行无迹"论。

八、本节小结

老子是美学的始祖，老子的美学观是深刻全面的。美是人的观念，天地万物无所谓美与丑。美是天下人的观念，不属于贵富者和美学家专有，天下人的共识才是审美标准。人不能只停留在事物的外表美，要追索到一切美的美原因或美本身。如果人为美"尊道而贵德"那也是美，如果人为美违道而背德那就不是美。人的天生心灵是美的，后天的心灵蒙垢才是不美的。有善心才有善言善行，有恶念就会有恶言恶行。

第八章 老子体系的认识论（方法论和知识论）

关于认识论，到目前为止，有千百种观点，千百本书，众说纷纭，莫衷一是。影响现今中国人的认识论主要有几种：孔子的“生而知之，学而知之，困而不知”；培根的归纳法——科学方法；笛卡儿的唯我理性论；休谟、费尔巴哈的唯物经验论；康德的先验论；黑格尔的“正—反—合”辩证论；孔德、罗素的逻辑实证论；杜威、詹姆斯的实用论；唯物反映论。现今中国人最推崇的和习惯了的是德国人发明的唯物反映论、辩证论等杂糅在一起的认识论，糅合表述为：实践论，一分为二，透过现象看本质，从感性认识上升到理性认识。这种认识论，含义混乱，概念不明，表述含糊，很难实用。其结果是：“公说公有理，婆说婆有理，最后是权力最高者有理。”

现今的中国学界并不熟悉甚至不了解老子的认识论。一提到老子的认识论，就用自己所学到的认识论去解说老子的认识论，得出了乱七八糟的甚至相反的老子认识论，说什么老子是朴素唯物论者，是辩证论者，是神秘主义者，是玄学者，是无神论者，是自然主义者，是唯心论者，是阴谋家，《道德经》只是一个“装”字，老子学说是伪科学，甚至说老子没有认识论，只是不能自圆其说的一大堆自相矛盾的说教。

不错，老子的认识论与上述九种认识论完全相反。第一，老子的认识论十分简单明了，没有上述九种认识论那样杂糅神秘，简单得令博学者感到不可理解，反而感到玄妙。第二，老子说了上述九种认识论没有说的内容，使习惯了用“中庸之道”和“一分为二”看问题的儒生和辩证论者感到出人意料而难以理解。

故曰：“吾言甚易知也，甚易行也。而人莫之能知也，而莫之能行也。言有君，事有宗。夫唯无知也，是以不我知也。知者希，则者贵。是以，圣人被褐而怀玉。”“知者不博，博者不知。”“学不学”，“知不知”，“唯知乎，大眯”。

那么，有没有什么方法可以使中国学者能理解和接受老子的认识论呢？有，就看他们愿不愿和能不能做到。

其一，根本的方法是：“载营魄抱一，能毋离乎？抟气致柔，能婴儿乎？修除玄蓝，能毋疵乎？爱民栝国，能毋以知乎？天门启阖，能为雌乎？明白四达，能毋以知乎？”用陈述句式来表达是：“知者不博，博者不知”，“修之身，其德乃真”，“虚其心，实其腹，弱其志，强其骨”，“复归于婴儿”，“复归于朴”，“不出户，以知天下”。这意思是：你博学了，有了功名了，为知识所累了，为功名所诱了，你的天生善心和自然智慧被蒙垢了。你要修身，要抛弃你所学得的渊博知识（“修除玄蓝”），不要使用你的自以为是的知识（“毋以知”，“博者不知”）。你要从高高在上的学术权威地位降到普通人的行列中来（“弱其志”，“能为雌”），使自己回归到无知无欲的婴儿状态（“虚其心”，“能婴儿”），成为一个“营魄抱一”的自然人（“复归于婴儿”）。你的天生的善心和自然智慧就被恢复了，能与万物、天地、大道、恒道融为一体了，就能“不出户，以知天下；不窥牖，以知天道”。你与老子相通了，明白了老子的认识论是“言有君，事有宗”，是从最根本的地方开始的，是既有顿悟又有渐悟的认识方法，是既能获得哲学原理又能正确辨别经验知识的，实在是简单明白不过的认识论。如果你舍不得“十年寒窗苦”学来的渊博谬论——为知识所累，舍不得“一举成名天下知”的学术权威地位——为功名所累，那你就用不着去注老解老，去对老子说三道四，你只能是批判老子、诽谤老子。

其二，还有一个类比方法，就是用释迦牟尼和苏格拉底的认识论来类比老子的认识论。

释迦牟尼和惠能都是通过顿悟法悟出佛法的；苏格拉底是以灵魂中的理智向上（不向下）悟出理念世界和至善理念的，这与老子的认识论相一致。如果你不相信释迦牟尼和苏格拉底，只相信你所学的那个流派的理论，那么你永远也无法理解老子的认识论。作为老子的后人的中国学者，应该用上述两种方法来理解和接受老子的认识论，让自己有一种民族自豪感，不要去做西方哲学流派如休谟、康德、黑格尔的忠实门徒。

认识论是哲学的三大基本成分之一，老子当然有全面的论述。

第一节

中国现代人从德国人那里学来的认识论

一、从感性认识到理性认识——唯物反映论

这种认识方法是现今中国学界从德国人那里拿来又普遍采用的认识方法，是休谟模式和费尔巴哈模式的杂交模式。这种认识方法说人没有灵魂，只有神经；在认识中，人的神经先是被动接受外界的反应，有实践经验的感性认识；然后又具有能动反应能力，再上升到理性认识，通过“飞跃”而获得理论，理论又反过来指导实践，说这就回答了“人的正确思想从哪里来”。这是中国现今最权威的认识论。果真如此吗?

（一）感性认识

感性认识被定义为：在阶级斗争、生产斗争和科学实践三大实践中，人凭感官和神经去能动地认识事物。很显然，这种感性认识的对象是自然物和社会物的表象，是形象思维，没有深入到事物的内部结构，更没有感知到形而上学的“道”，获得的只有表面“印象”（休谟语），称不上物理知识，更称不上“道”。况且感觉有角度的不同和片面的差错，神经有偏激和错乱，“印象”已不是表象

的原貌，有错觉，甚至有幻觉。即使获得某一角度的真实的感觉印象，也会随着其他印象的输入或记忆淡忘，也就使原来的印象模糊起来，依据印象所获取的知识肯定是不可靠的。在感性认识阶段，人是无法“能动”的，只有被动接受外物的表象。

（二）理性认识

理性认识的别名有：抽象思维、“格物致知”。理性认识是通过对储存在“记忆”里的各种感觉印象进行加工，抽象和综合出同类印象的共同印象而获得理论知识，即所谓“透过现象看本质”。很显然，这种理性认识的对象是“记忆印象”，是有“忘记”性的，“记忆印象”比不上感觉印象的真实性。对“记忆印象”进行抽象思维所获得的“共同印象”，已经不是真实事物表象，更不是事物的内在本质，获取不到物理知识，只获得一些不成熟的意见或不真实的信念。在理性认识阶段，人具有主观能动性，凭着自己学来的经验知识去进行抽象，对于没有悟道的人来说，就缺乏哲学理论的指导，是无法获得真知识的。

可见，唯物反映论的根本错误是：其一，否认人有灵魂（理念、道性），也就是否认人具有天生的善心和自然智慧，也就是否认了人能认识事物的潜能——理智，理智是属于灵魂的。因此在认识中，不能运用理智向上去思辨理念世界，即抛弃了悟道，那就没有理性认识，是虚假的理性认识。其二，依靠不是灵魂的物质神经去思维，只停留在事物表象层面上，不运用理智向上思辨到理念层面上的所谓从感性认识到理性认识本身不合逻辑思维规则，是休谟、费尔巴哈、陆九渊、王阳明等失去“天生善心和自然智慧”后因妄想而虚构出来的认识方法，不是真实的思维方式，不是科学方法，根本不能认识事物的本质，更不能获取真知识。

可是，现在中国学界却把这种认识方法说成是科学归纳法，认为是唯一可靠的认识方法，那是对人这个“营魄抱一”（灵肉合一）的生命体的无知，从而对人天生具有思维潜能这个“客观存在”的无知。

二、辩证逻辑认识方法——一分为二

辩证逻辑认识方法——一分为二，是古希腊赫拉克利特的发明，德国人康德剽窃，费尔巴哈发展，黑格尔定型。对于德国人哲学理论的批判详见我的《西方哲学简述和德国哲学之批判》，这里只就认识方法方面对辩证逻辑作一简述。

赫拉克利特从他的“两人之间的紧张关系”的伦理学

观点出发，凭幻觉发明了虚幻的辩证法，遭到巴门尼德和芝诺的批判。苏格拉底把辩证法当作一种“讨论”、“辩论”的方式加以利用。后来辩证法被人滥用，亚里士多德就斥之为诡辩法，进行了剖析和批判。可是，2200年后的德国人康德将之剽窃来了，说成是辩证逻辑认识方法。黑格尔为了投机和维护普鲁士王国，就把辩证法拿来给他的“主人哲学和奴隶哲学”进行包装，成了思维和存在的对立统一形式法则。“逻辑”在苏·柏体系里只是思维工具，而在黑格尔那里成了哲学的最高层次的学问。于是，一种非人的神秘的辩证逻辑出现了，并且在德国、俄罗斯和中国盛行起来，使黑格尔名声大噪。可见，黑格尔与宋儒做学问的目的一样，不是为了做学问，而是为了个人扬名获利。

辩证逻辑认识方法，又称为对立统一的“一分为二”法，认为人的思维活动和客观事物都是自身对立、矛盾、斗争的一分为二的统一；认识对象是概念，“存在是潜在的要概念”（黑格尔语），认识概念就认识了存在（客体）；思维公式是：正题——反题——合题；思维规则有三个：对立统一的规律、质量互换规律、否定之否定的规律。哲学的开端的困难在于哲学的开端就是一个假定（黑氏语），即为“正题”预设一个“一分为二”的对立统一的概念。这个概念自身的两方面“是彼此互相对立的，从它们进一步的规定（或辩证法的形式）来看，它们是互相过渡到对方”。“正题”出现了，就来“反思”。“反思”是从概念自身的对立两面入手，扬弃旧概念主要的一面，保存次要的一面，这样，矛盾的次要方面就转化为主要方面，这就是“反题”。反题被综合后，发生从量到质的变化，一个自身具有新的对立的概念就被异化出现了。新的概念自身的对立又成为正题，再进行辩证思维活动，如此螺旋上升，经过“肯定——否定——否定之否定”的规律，一个存在于自身矛盾的绝对精神被思维出来了。这个“绝对精神”是最高的，在认识论上是“绝对真理”或“终极真理”，在认识对象上是本体，本体自身也是一个对立统一体。这个最高概念“绝对精神”就自身“一分为二”产生许多“精神现象”——存在。存在是潜在概念，存在的各个规定或范畴都可以用“是”去称谓。把存在的这些规定分开来看，它们是彼此互相对立的。从它们进一步的规定（或辩证法的形式）来看，它们是互相过渡到对方。可见“精神现象”的存在也像它的本体“概念”一样，是一个对立统一体，分为互相矛盾、对立、斗争的两方面，又互相异化为另一新存在，世界就处于永远对立、矛盾、斗争的动态之中。

黑格尔从辩证的形而上学推理出了主人哲学与奴隶哲学的辩证伦理学：当两个人面对面时，就产生一种“紧张”，每个人都想被对方承认为主人。最终占上风的成为主人，占下风的成为奴隶，主人迫使奴隶为他工作，人类历史就发展起来。这个“主人和奴隶”的伦理学观点，就导致了专制独裁制度的合理性：“胜者为王，败者寇”，“普天之下，莫非王土；率土之滨，莫非王臣”，“君要臣死，臣不得不死”，普鲁士王国就是理想之国。

以上两小段文字，概括了黑格尔千万言巨著的主要内容。我认为黑格尔的辩证逻辑是荒谬的。其一，他全盘抄袭了赫拉克利特的基本理论原理。其二，他继承了康德子虚乌有的荒谬的“先验论”：第一个“概念”是“我”先天的观念。其实，“我”先天没有“观念”或概念，“我”一生下来只有自然声音的“哇”，没有后天的人造语言。“天生的善心和自然智慧”只是后天能说话的潜能，不是“观念”。如果第一个概念是无法预设的，那么整个“正题——反题——合题”无法进行，辩证逻辑就落空了。如果说是从语言以后的后天概念作为第一个概念，如苏格拉底在与人辩论中从对方说出的概念起始，那仅仅是一个思维对象，辩证法是思维工具，“概念”就不是产生一切事物的那个“绝对精神”的本体，整个思维过程和整个世界被颠倒过来了，“辩证逻辑”就没有根基了。其三，概念是“我”对能被定义的事物的本质的认识，是一个自身不能存在对立、矛盾的原理。如果概念是一个自身对立的统一体，这个概念就违背“同一律”、“矛盾律”，就是含混不清的、不明确的概念，就不能称其为概念。所以，黑格尔的概念不是哲学上的概念，也不是形式逻辑的概念，辩证逻辑思维就不是哲学思维。那么辩证法思维是什么思维呢？其四，如果产生万物的本体是自身“一分为二”的，那么就没有本体，因为谁是那能动能异化的“一分为二”的本体呢？最初因还没有找到。其五，人的思维过程并非“正——反——合”（肯定——否定——否定之否定）的过程。婴儿的思维只是“同意”，惠能的悟道只是顿悟，“相对论”并没有扬弃“力学”，“量子论”没有否定“相对论”。其六，事物自身并非是一个对立统一体，而是一个“营魄抱一”体。人生了两只手是为了协调动作，不是为了两手自相对立、斗争。如果灵与肉作斗争，还有生命吗？其七，量变不能导致质变。一个婴儿长大成人，只是体重、身高数量加大了，还是那个人，并非是质变成了另一个人。化学反应中，氧和铁化合为氧化铁，是两种元素的作用，并非是一种氧分子的量增多质变为氧化铁。自然界中并没有发现一个物种进化为另一个物种的实物现象，进化论是人的一种幻觉或错觉。其八，思维或事物并非是“一分为二”的，而是一与多的关系。对偶是人从美学观出发对事物的一种片面认识，并非事物的全部。譬如，人按性别分，并非只是男人和女人，还有隐性人、阴阳人。

可见，辩证逻辑是康德、费希特、黑格尔等人的一种幻觉虚构，是一种巫术，不是什么知识学问，用辩证逻辑去认识“我”和世界是得不到什么真知识的。

可是，对那种血腥的邪恶的辩证法，中国学者却当作宝贝或灵丹妙药捧回家来，时时处处地去使用，开口“辩证法”，闭口“一分为二”，不断地制造谬论，危害着中华文明，腐蚀着中国人的心灵。我们被黑格尔和他的中国门徒给愚弄了。

第二节

中国人传统的、常用的认识方法和经验知识的学习方法：儒家认识论

从朱洪武“独尊儒术理学”至今五百余年，儒家的认识方法成了传统的认识方法，其余诸子百家的认识智慧被窒息了。

一、儒家对人的认识潜能的解说

孔子把认识的主体分为四种人：“生而知之者，上也。学而知之者，次也。困而学之者又其次也。困而不学，民斯为下矣。”。

“生而知之者”的是天才，一生下来就具有知识，不需通过学习获得知识。这与康德的“先验论”一样，人一生下来，就有先天观念。这个观点与人一生下来就具有善心和自然智慧不同，后者是说人天生具有认识或悟道的潜能，但还没有实现，要在后天实现。很显然，自古及今，没有发现一个一生下就能说话的人，《封神演义》里的哪吒一生下来能说话，那是一个神话。假设孔子和康德一生下来就能说话，孔子说的是古汉语，康德说的是德国语，那么那一种语

言是神造的先天语言呢？难道语言不是人后天所创造的东西吗？所以“生而知之”和“先验论”是孔子和康德为“天子”“天才”虚构的神话，不是事实，是荒谬的。

“学而知之者”是天生智力处于中等的人，能在后天生活中去发奋向外求学求道而获得知识。孔子自称是“学而知之”的人。“学而知之”是儒家的向外求学求道的认识世界的方法，后来成了中国人认识世界的传统的认识方法。

“困而学之者”，与“学而知之者”内容重复。孔子说话是不严谨的，既不定义，又无划分，即使有划分，也是划分不清。此处对“困而学之”不作解说了。

“困而不学”是“下愚”。有的人一生下来就天生愚蠢，学不到知识。这是对受不起教育的多数人的人格的侮辱，是君子士大夫为欺压多数人虚构出来的人性论，不是事实，是荒谬的。人人天生的善心和智慧是平等的，只是所继承的遗传基因的天资有差别，智慧的使用和机遇方面有不同。

二、儒家的“学而知之”：向外求学求道的认识方法

《论语》曰：“学而时习之，不亦说乎。”这就是主

张和称赞向外求学求道的读书识理。读书识理的最主要方法是从师读书。

（一）师是什么人

有两个人对教师的定义被现今中国教育界尊为真理：一个是韩愈，一个是斯大林。韩愈说："师者，传道授业解惑也。"斯大林说："教师是塑造人类灵魂的工程师。"

这两个定义都是荒谬的。其一，韩愈和斯大林不懂得"道"和"灵魂"是什么，把"道"和"灵魂"说成是人制造出来的，又是人能传授的经验知识。道和灵魂是什么？道是造物者，灵魂是道赋予人的道性。人领悟出的道和灵魂的知识是最高层次的知识，是只可领悟和启示的知识，不能像经验知识那样原原本本地传授。人是道的被生物，人不能制造生命，更不能制造道和灵魂。两个定义颠倒了创造者和被创造者的关系。其二，两个定义都没有把教师和学生当作一个有生命的人来看待，而是把教师当作君主或领袖的御用工具，传君主之道，把领袖思想塑造为学生的灵魂，不把学生当作活人，当作一块陶土原料，任由教师拿捏塑造，塑造成为君主和领袖服务的驯服工具和螺丝钉。其三，两个定义的教育恶果。韩愈的定义制造了师道尊严和师承门派之见。斯大林的定义制造了政治是灵魂，而教师、学生成为领袖政治的牺牲品。

那么，师到底是什么人？回答是：教师是呵护学生生命、顺着学生天性、引导学生进入知识殿堂、传授书本经验知识和启发学生悟道方法经验的先生或过来人。学生应该尊重教师，但不是“一日为师，终身为父”的师承关系，学生有权利选择教师和学校。所以，老子说：“不贵其师，不爱其资，唯知乎，大眯。”

（二）书本知识是什么样的知识

书本知识是别人根据实践经验总结出来的知识，对于读者来说是间接经验知识。书本知识有感性知识、理性知识、错觉知识，其中也有“道”，有真有伪。对于读者来说，它是不稳定的意见或信念知识。即使其中有善道，也不是读者独自悟出的，难以理解。所以，读者在悟道之前，对于书本知识不可信以为真，更不能把某一种理论当作是“放之四海而皆准的真理”。学习书本知识是必要的，也是重要的，能快速掌握自己来不及实践的知识，能提升自己的劳动能力和提高劳动技能水平。

（三）儒家要求学习的书本知识和儒生的学习目的

1.儒家要求学习的书本知识

孔子还主张学习“六艺”。汉儒不管是古文经学家，还是今文经学家，都主张学习“六经”，用“六经注我”。明朝，只主张死读“四书”，用“四书注我”。“六经”里，还有神秘的《易经》，令人向往探秘。《礼记》中还有其他内容，比如“天下者，非一人之天下，乃天下人之天下也”。而“四书”则是绝门活，只有“三纲五常”。儒生们学习的就是那样的书本里的“三纲五常”知识。“三纲五常”是什么样的知识？在前文第五章第六节有论述。那是窒息人的天生善心和自然智慧的知识，是教育人作恶的知识。在“三纲五常”里，没有哲学的主要成分形而上学——“纯粹哲学”（王国维语），没有“纯粹的伦理学”（蔡元培语），只有君主礼制的和儒生追求“功名利禄”的政治学知识。

2.儒生的学习目的

学习“四书五经”知识不知道有什么“学而时习之，不亦说乎”？那样“注”出的“我”是什么样的“我”呢？

《论语》曰：“君子疾没世而名不称焉。吾道不行矣，吾何以自见于后世哉！”“不仕无义。长幼之节不可废也，君臣之义如之何其废之？欲洁其身而乱大伦。”“事君，敬其事而后其食。”“君子谋道不谋食。耕也，馁在其中矣！学也，禄在其中矣！君子忧道不忧贫。”“志士仁人，无求生以害仁，有杀身以成仁。”

这就明确了儒生学习的目的：入仕做官，事君谋食；为忠君的仁义而死，获取英名。这个学习目的，不是教人做人，而是教人做寄生虫；不是培养为自己生存和为社会服务的人才，而是培养为君主服务的奴才和欺压老百姓的主人。这是典型的黑格尔的“主人哲学和奴隶哲学”，我称之为“寄生虫之道”。

“学而时习之，不亦说乎？”在“学”中，就只有苦：“十年寒窗苦”。在“习”中才有“乐”：“一举成名天下知”，“书中自有黄金屋，书中自有颜如玉”。那“习”，就是入仕之途，就是实现飞黄腾达的成龙成凤、做人上人的凌云之志，就是实现衣锦还乡、光宗耀祖、封妻荫子的“千秋伟业”。多么诱人的“四书五经”知识。

且不说在科考中绝大多数落榜的儒生，都成了鲁迅笔下的孔乙己那样的腐尸、社会累赘，就说那入仕获禄的儒生官吏又是怎样一群呢？请看阮籍在《大人传》中的评述：“且汝独不见夫虱之处于裈之中乎？逃乎深逢，匿乎坏絮，自以为吉宅也。行不敢离缝际，动不敢出裈裆，自以为得绳墨也。饥则啮人，自以为无穷食也。然炎丘火流，焦邑灭都，群虱死于裈中而不能出。汝君子之处区内，亦何异虱之处裈中乎！悲夫！”所以，用“三纲五常”知识培养出来的儒生，要么是鲁迅笔下的孔乙己那样的腐尸、社会累赘，要么是阮籍笔下的“裩之中”的“虱”，对社会只会起破坏作用，不起建设作用。

（四）“中庸之道”的思维方式

《中庸》开篇就说：“天命之谓性，率性之谓道，修道之谓教。道也者，不可须臾离也，可离非道也。是故君子戒慎乎其所不睹，恐惧乎其所不闻。”“喜怒哀乐之未发，谓之中，发而皆中节，谓之和。中也者，天下之大本也；和也者，天下之达道也。致中和，天地位焉，万物育焉。”

这两段文字，罗列了天命、性、道、教、中、中节、和、大本、达道、和、中和等一大堆概念，一个也没有明确地定义出来，罗列了九条原理，也没有论证它们之间的因果关系，只是一个劲地把“中”、“和”抬高到“大本”、“达道”的地位。一边说“喜怒哀乐之未发，谓之中，发而皆中节，谓之和”，“中”与“和”是果；另一边接着说“中也者，天下之大本也；和也者，天下之达道也。致中和，天地位焉，万物育焉”，“中”、“和”、“和”又成了最初最大的原因，“喜怒哀乐”、“发而皆中节”又成了结果。开篇就思维混乱，没有丝毫的逻辑思维，更说不上有什么推理和论证了，只是一大堆“假大空”的口号。难怪现在的中国人喜爱喊“假大空”的革命口号。

1.“中庸之道”到底是什么

子曰：“中庸之为德也，其至也矣乎！民鲜能久矣！”“君子中庸，小人反中庸。”

原来“中庸”是民很少知道的，是小人所反对的，是君子的专利。

那么君子又是怎样定义“中庸”的呢？在“四书五经”找不到明确的定义和论证。

郑玄注：“名曰中庸者，以其记中和之为用也。庸，用也。”“庸，常也。用中为常，道也。”程子、朱子说：“‘不偏之谓中，不易之谓庸。中者，天下之正道；庸者，天下之定理。’中庸之德，谓不偏不倚，无过不及，而可以常用之德。鲜，上声，少也。言中庸为至德，而一般人少此至德久矣。”

这几段话仍然没有定义“中庸”，并且意思混乱，自相矛盾。“中”是不偏、不倚，与“中节”还一致。“庸”的意思就杂乱了：和、不易、用、常。“中庸”的意思更杂乱：道、德、大本、达道、正道、至德、定理。“不偏”“不易”与“不偏不倚”不是一个意思。如此，毫无逻辑思维，用词随意，信口雌黄，正是中国鸿儒们的思维方式，实在是“民鲜能久矣”，“而一般人少此至德久矣”。具有天生逻辑思维潜能的“小人”和“民”的确是无法运用那种非常人的“中庸之道”来思维的，只能“反中庸”，只有非常人的“上智”鸿儒君子们才能使用“中庸之道”。

现在来分析一下“中庸之道”在认识论上属于哪种思维方式。根据上文的分析，大概可以这样来猜测：取中，避免到两极。那么就是线段式思维：把认识对象假设为一条线段，然后找出中点，两个端点就是两极，取中而避免到两极就是儒家的思维方式。这种思维方式在黑格尔那里是“一分为二”和“合二而一”辩证法。这种思维方式在古希腊遭到芝诺“悖论”的致命摧毁。首先，一条直线如果被点化了，点与点之间是有间隙的，就不是真实的直线了。其次，任何真实的事物都是立体，不是一条直线，是无法找到中点和两极的；也不只是一体两面，而是“一”与“多”，“一分为二”是不全面的。对于能感觉的有形象的物体，是无法取中而避免到两极的，对于情感上的喜怒哀乐，更是不可能“不偏不倚”地“发而中节”的。所以，“中庸之道”或“一分为二”的认识方式，只能认识事物的某一个方面，不可能正确认识事物的全部。所以，把“中庸之道”或“一分为二”的辩证法吹嘘为：大本、达道、正道、至德、定理，就如同把“一分为二”的辩证法吹嘘成“终极真理”、“自然辩证法”同样的荒谬。

“中庸之道”的思维方式，没有丝毫的逻辑思维，更没有科学论证。

2.“中庸之道”的认识对象和实用范围

《中庸》曰：“君子素其位而行，不愿乎其外；素富贵，行乎富贵；素贫贱，行乎贫贱；素夷狄，行乎夷狄；素患难，行乎患难。君子无入而不自得焉。”

《中庸》里论述的“中庸之道”仅限在君子为人处世的伦理学方面，没有上升到形而上学的层面上去。“中庸之道”的认识对象和适用范围，就是君子如何“学”和“习”“三纲五常”。上段引文就是要求君子“取中”而安于现状，不要有分外之想。在处世时，君子要用“中庸之道”，处在对自己有利的中道位置上，去和解不利的事件。那样就显现出君子“温良恭俭让”的风度。可是《论语》又要求君子“入仕”得“君食”和求功名，要有为所“立志”去奋斗、甚至去“杀身成仁”，却又抛弃了“中庸之道”。同样，《大学》要求君子实现“修身，齐家，治国，平天下”的远大政治抱负，“中庸之道”又不见了。所以，可以说“中庸之道”是极其狭隘的伦理学理论，是君子权衡利弊的一种政治权术。用《中庸》培养出来的是狡猾的奴才，用《论语》培养出来的是功名利禄之徒，用《大学》培养出来的是专制君主（主人）。

3.从“中庸之道”所获得的知识

由于“中庸之道”是个极其狭隘而又肤浅的思维方式，因此所获得的知识也是极其狭隘而又肤浅的，并且是伪智慧知识。“民”、“小人”无法适用那种“君子之道”的知识，民主法治社会也无法适用那种“君子之道”的知识。

第三节

认识的主体和对象以及对认识论的界定

本节把认识的主体和对象放在一起来说，是因为人既是认识的主体，又是认识的对象，难以分开述说。当然，认识的对象还有人以外的实体。

一、认识的主体——人

为什么人是认识的主体呢？老子认为，人是四“大”之一：“道大，天大，地大，王亦大。国中有四大，而王居一焉。”这说明，人所得到的自然智慧比其他生物多些、高些，人具有认识世界的欲望，人需要认识世界，人能够认识世界。

（一）人天生具有求知探秘的欲望和好奇心

大道赋予人“有欲”，“有欲”中就有求知探秘的欲望和好奇心。恒道“玄之有玄，众妙之门”，对大道“吾不知谁之子，象帝之先”。人就偏偏要去探索那玄妙，回答那“谁之子”，并且还想解说它们：“吾未知其名，字之曰道，强为之名曰大。”

老子的这个观点与苏格拉底、柏拉图、亚理士多德一致。苏格拉底说："每一个灵魂都追求善，都把它作为自己全部行动的目标。"柏拉图说："哲学家是智慧的爱好者。"亚里士多德说："求知是所有人的本性"，"智慧总是伴随着认识"。

（二）人的生存需要认识事物

1.人不仅具有"万物将自怓"的本能智慧，而且具有"知常"的认识智慧。在生存中，要选择适宜的环境（"居善地"），要辨别行动的时机（"踵善时"），要识别事物，逃避危险（"事善能"），这就有认识事物的需要。

2.要模仿自然物制造出人造物，使人过上物质丰富的美好生活——"甘其食，美其服，安其居，乐其俗"，就需要认识事物的性质和功能，积累经验知识。

3.人还具有"自知"、"知常"、"阗之以朴"的理智，使人类活动理智，免遭天条惩罚，延长个体寿命和人类末日的到来，就需要认识"道"和"德"，从而"遵道而贵德"地生活。正如亚里士多德所说："那些靠表象和记忆生活的动物，很少会有经验，唯有人类凭技术和推理生活。"

（三）人具有认识形而上的"道"的理性智慧

关于这方面，前文"德论——灵魂论"中已有论述。

老子云："人法地，地法天，天法道，道法自然。"这说明人能从认识自身，扩大到认识地、认识天、认识道，直至领悟本体恒道——"道法自然"。人能自觉修身，达到"不出户，以知天下；不窥牖，以知天道"的水平。前文第四章第四节所述的苏、柏体系中关于人的灵魂的三种智慧的论述与老子观点一致。

所以，只有人才能成为认识的主体，只有人才能创造出知识。

二、认识的对象

老子把认识的对象分为三类：其一，认识自己——"自知"；其二，认识天地万物——"万物旁作，吾观其复"；其三，认识形而上的"道"——"贵食母"："天下有始，以为天下母。既得其母，以知其子；复守其母，没身不殆。"

（一）认识自己："自知"

对于认识自己，老子的表述是"自知"，苏格拉底的表述是"认识你自己"，释迦牟尼的表述是"破除我执"，现今流行的表述是"认识自我"。

凡哲学体系都有"认识自己"的内容。所不同的是：（1）唯物论认为："我"没有灵魂，只有肉体生命，精神是肉体产生的附属物；（2）进化论认为："我"是从猿猴进化来的一种高级灵长动物，没有灵魂，只有肉体生命，神经高级；（3）整体论认为："我"是由灵魂和肉体两部分组合的，灵魂是我，肉体是我的形体——灵魂的影子；（4）老子认为："我"是"营魄抱一"的生命体。"营魄抱一"在前文第五章第四节中已有论述，这里从认识的角度再作些论述。

大道造物，也造了"我"，把道性——魄——灵魂赋予了"我"，"我"是道性——灵魂，这是"无我"。大道用阴阳二气"营（物质）""和之至"为"一个""我"，"我"是天地阴阳二气——物质，这是"大我"。父精母血的阴阳二气在特定的许多条件下"精之至"为"一个""我"，我是父母阴阳二气——父母遗传基因，这是"小我"。不管是"无我"、"大我"、"小我"，都是"我"，都是"营"（肉体）与"魄"（灵魂）"和之至"、"精之至"的"一"——一个活生生的有机体，"我"是一个生命体。"我"这个"一"，不是"营"与"魄"合二为一的整体"一"，也不是能"一分为二"的整体"一"，"我"不是无机体。作为活着的"我"，"我"的灵魂和肉体是不能分离的，灵魂和肉体同等重要，也要同样珍惜。如果说，"我"只是一个灵魂，肉体只是灵魂的影子，失去了肉体，我仍然存在，那就抛弃了“我”的“小我”，不承认“我”有父母，只承认“我”的“无我”，那就不是“我”，只是没有造出“我”的一个没有附着物质的道性。如果说，“我”只是一个高级肉体，从肉体产生出的附属物神经，那就抛弃了“大我”、“无我”，不承认“我”是天地所造，只限于承认“小我”。那么神经的思维活动又从哪里得来的呢?那就不是“我”，只是没有生命的死尸、石头、土块，连植物也不是。

从老子的“自知”论述中：解说出“小我”、“大我”、“无我”，具有重大的认识意义。“小我”能感知到人的本能需求以及父母、兄弟等人的感情，就会获得生活经验和情感知识。如果只囿于“小我”的认识，那就会产生唯我——自我中心论，只追求“我”的需求和只顾及亲人的利益，“有欲”就膨胀为“可欲”，就会“不知常，妄”，沉溺在“五色”、“五味”、“五音”中“心发狂”，一切恶念、恶理就产生了。孔孟仁爱囿于“小我”，所以，人的认识必须从“小我”上升到“大我”。“大我”能从“小我”的感知中，推知他人也有同等感知，从亲情上升到人道，获得伦理知识。就认识事物而言，能从“小我”对物的实用性上升到物理，认识天地之道，从而获得物理知识。如果只囿于“大我”，就会丢弃“小我”的自我保护和亲情，“损己利人”，墨子的“兼爱”就囿于“大我”。就认识事物而言，囿于“大我”，那就只停在物质的认识层面，认识不到大道、恒道。所以，人的认识必须从“大我”上升到“无我”。“无我”就抛弃了一切经验、亲情和物象，单凭天生的善心和自然智慧去领悟形而上的大道、恒道，能获得本体论知识。

所以，认识了“小我”、“大我”、“无我”而不偏见，才真正称得上认识自己了。故曰：“自知，明也。”

（二）认识他人和社会国家：“知人”、“知天下”

他人和社会是每个人认识的第二层对象。认识他人和社会是每个人的生活所需、求知所需。老子给予认识他人和社会的方法和顺序是：“以身观身，以家观家，以乡观乡，以邦观邦，以天下观天下。”这意思是说，首先“我”认识了“我”自己，于是以“我”自身的状况去认识他人，以“我”自家的情况去认识他家，以“我”家乡的情况去认识他乡，以“我”社会的情况去认识他社会，以“我”国家的情况去认识他国，认识的顺序是由亲及疏，由近及远，所以，“不出户，以知天下”。“我”认识了他人，就便于与他人交往；认识了乡邦和国家，就便于适应和改造乡邦和国家。认识他人，既要认识他的“小我”的具体特征，父母、兄弟、姐妹以及生活环境，受教育情况；又要认识到他与“我”的共同性质“大我”。俗话说：“人上一百，五花六色。”只要“我”能接触到的他人，“我”必须认识他，力争完全了解他。认识社会与国家，既要认识各种社会和国家的具体特征、习俗、体制等，又要认识到社会和国家是不是具有“大我”的共同美德。对于“我”所生活的社会、国家和人类世界，必须认识它，力争完全了解它。老子所认识的他人和天下是什么样子呢？这在前文第五章第五、六、七节和第六章已有述说。对他人和社会的认识，苏格拉底持有和老子同样的观点，只是认识顺序有变动：先认识国家的品质，再认识个人的品质，“因为国家的品质容易观察到”。

（三）认识天地万物：“万物旁作，吾观其复也”，“人法地，地法天”

天地万物是认识的第三层对象，是人类生存的自然环境，与每个人的生活息息相关，必须认识。万物是人的衣、食、住、行的生活必需品，人只有认识万物，才有所选用。万物是人造物的样本和原料，人只有认识万物，才有所发明创造。万物形成的自然环境是人生存的环境，人只有认识万物，才能“辅万物之自然”，不暴殄天物，不破坏自然环境。“天地相谷”是生化万物和人的父母，人必须认识天地，了解天地，才能遵守天地规则，“法地，法天”，终生不犯天条，免遭天灾。故曰：“既得其母，以知其子；复守其母，没身不殆。”

（四）认识德化天地万物和人的大道（谷神，上善，一）：“天地之根”、“造物者”

大道是认识的第四层的对象。人的认识不能只停留在能感觉到的形而下的物质世界，还要凭“自然智慧”（理智向上）去探索形而上的大道世界（理念世界）。“万物之母”是什么？即创造天地万物和人的母体是什么？这令人感到玄妙神秘，人的好奇心和求知欲驱动着人去认识她。只有认识“万物之母”，才能使人“复守其母”，使人的行为“尊道而贵德”。只有认识“万物之母”，才能“以知其子”，做到“自知”、“知人”、“知天下”、“知天道”。只有认识“万物之母”，人的认识才达到了一个高度，获得真知：“知不知，尚矣；不知不知，病矣。”（知道不能感知的大道，才是高认识，不知道不能感觉的大道，就是知识有缺陷。）（七十三章）

（五）认识大道源起的始初本体恒道：“万物之始”

“大道健行”，是“有”，是“动”，还没有追溯到开始。人的认识不能只停留在“有”和“动”，还要追溯到“无”和“静”；不能只停留在“一”，还要追溯到“一”之“始”。无静无动的本体恒道是大道的源起之处，是“万物之始”。故曰：“道，可道也，非恒道也。”“无名，万物之始也。”本体恒道，既无又有；既一无所有，又无所不有，这就是“玄之有玄，众眇之门”。人的认识要从大道世界（理念世界）上升到本体恒道（至善理念）。人凭天生善心和自然智慧能与本体恒道融为一体，从而领悟到本体的存在。只有认识恒道，才能找到一切现象和运动的本体，才能获得一切真知的最大理论前提，才能破解一切玄妙神秘，悟出不证自明的公理来。认识了本体恒道就是认识到达了最高境界，人的认识才能算圆满了，否则，认识是不圆满的。故曰：“言有君，事有宗。”“是以，圣人之不病，以其病病，是以不病。”

三、用老子的观点来界定认识论

按老子的观点来界定认识论：认识论是认识的主体（人）凭着天生的善心和自然智慧把主体本身（主）与认识的对象（客）融合为“营魄抱一”体，从而解密世界和获得真知。

这个认识论的定义，回答了认识论自身的一些基本问题：认识的主体，认识的对象，认识的过程，认识的方法，认识的成果——知识的层次和真假。

老子的认识论，破除了“主客分离”的认识论——反映论、经验论、实证论、先验论、辨证论，等等。

第四节

认识的方法：顿悟和渐悟

对于老子的认识方法，历来注老解老家们多数持批判和否定态度，说老子反对学习知识和用知识来认识事物，反对感性认识和理性认识，反对科学方法，是一种唯心主义和神秘主义，不可理解。例如，《老子新译》就“不出户”一章批判说：“这一章集中地表达了老子抹杀实践经验在认识中的作用。在这条错误的道路上，老子更进一步宣扬经验不但不能帮助人们取得认识，甚至对认识起着妨害作用。老子说‘圣人’不必经历就知道，不必亲见就明了，不必做就成功。这是一条反科学的道路。”还有比任继愈否定得更加彻底的，这里不摘录了。

就是那些为老子认识方法作辩解的，也都采取两种方法：一是改动原文，二是曲解原义。例如对“为学日益，为道日损”句，河上公章句解为：“学谓政教礼乐之学也。日益者，情欲文饰日以益多。‘道’谓自然之道也，‘自损’者，情欲文饰日以消散。”把原义狭窄起来，以后注家多从《河上公章句》。今人郭世铭教授是极力为老子辩解的人，把“学”解为“模仿”，有失原义。清人傅山为老子辩解，把“绝学无忧”的“学”解为“觉”，把“绝”解为“绝河”，说：“学如江河，绝而过之，不忧没于学也，觉也。”实在是牵强附会。

总之，在儒家、法家和黑格尔辩证者看来，老子的认识方法是不可理解和不可接受的，老子说话怪怪的。那么老子对认识方法和知识说了些什么呢？现摘录一些章句如下：

“多闻数穷，不若守于中。”（五章）“虚其心，实其腹，弱其志，强其骨，恒，使民无知无欲也。”（三章）“万物旁作，居以须復也。”（十六章）“知快出，安有大伪。”（十八章）“我禺人之心也，惷惷呵……我欲独异于人，而贵食母。”（二十章）“上士闻道，堇能行于其中。中士闻道，若存若亡。下士闻道，大芙之；弗大芙，不足以为道矣。”（四十章）“不出户，以知天下；不窥牖，以知天道。其出也弥远，其知弥少。是以，圣人不得而知，不见而名，弗为而成。”（四十七章）“为学者日益。闻道者日损，损之又损，以至于无为，无为而无不为。”（四十八章）“智之者弗言，言之者弗智。闭其兑，塞其门，和其光，同其堑，锉其阅，解其纷，是谓玄同。”（五十六章）“学不学，复众人之所过；是以，能辅万物自然，而弗敢为。”（六十四章）“为道者，非以明民也，将以愚之。民之难治也，以其知也。故，以知知邦，邦之贼也；以不知知邦，邦之德也。”（六十五章）“知者不博，博者不知。善者不多，多者不善。”（六十八章）“知不知，尚矣；不知不知，病矣。是以，圣人之不病，以其病病，是以不病。”（七十三章）

老子的话实在是阴阳怪气的，从来没有听过孔子、孟子、董子、朱子和培根、休谟、康德、费尔巴哈、黑格尔、马克思、尼采说过这些话，甚至苏格拉底、柏拉图、亚里士多德也没有说过这些话。

实在的，从朱洪武独尊儒术六百余年来，“三纲”、“五常”成了中国人的常识、习俗了。《论语》的首句是：“学而时习之，不亦说乎？”不仅成了儒生而且成了中国人的口头禅。“十年寒窗无人问，一举成名天下知”，成了儒生们入仕获禄的终生奋斗目标。不读书，不博学，何以成名？何以入仕获禄？何以光宗耀祖？实在的，自从西方思想文化传入后，关于认识方法和知识方面的见解，培根的归纳法成了科学方法，培根的“知识就是力量”成为每个学人的座右铭，每个学校都写有这句话的条幅。

上述的两个“实在的”，不就证明了任继愈的批判切中了老子的要害吗？老子连常识也不懂，连最基本的中国民情也不了解。老子知道自己是“愚人之心，惷惷呵。”可是他还去“愚民”，真是愚不可及，可恶至极。这样的愚人老子还值得中国学者去为他辩解吗？即使有老子的辩护者，也是软弱无力的“惷惷呵”。你看人家培根、休谟、康德、费尔巴哈、黑格尔、尼采是多么聪明啊！幸好我们有了孔子、孟子、董子、朱子、任子（任继愈），才不使中国人丢脸。你看，辨证论者任子（任继愈）轻轻一笔，就把老子从中国文化史上给抹去了。

但是，还有第三个“实在的”。实在的，自从老子之后，时至今日，注老解老者不绝，今日的西方世界反而掀起了崇老热，这崇老热返回到中国，使任子们靠批老出了名。这个“实在的”说明，老子说话怪怪的，世事更是怪怪的。是老子连常识、习俗也不懂呢，还是常识、习俗有问题呢？难道受到中国人所尊敬的孔子、孟子、董子、朱子和受到现今中国人所崇拜的培根、休谟、康德、费尔巴哈、黑格尔、尼采不那么伟大和智慧吗？这两个问题包含着两种认可：要么老子在那些大师们面前是蠢人，老子的认识方法是玄谈而不实用，科学万能；要么那些大师们在老子面前是“莫能知”、“唯知乎大眯”的“道之华”者，老子的认识方法是认识真理的方法，科学不是万能的，从而推之任继愈就是“人之迷，其日固久”的智商更低下者，他的批判无损于老子的形象，就像乌云无损于太阳的光辉那样。要选择那种认可，就要重新来解说老子的认识方法。

一、“闻道”：顿悟和渐悟简介

《道德经》里只有“闻道”、“为道”，没有悟道、顿悟、渐悟。

第四十章云：“上士闻道，堇能行于其中。中士闻道，若存若亡。下士闻道，大芺之；弗大芺，不足以为道矣。”

这段文字的译文是：“上等诸侯知闻到‘道’，就把‘道’当作地面的黄土那样的‘道之华’，只能推行王图霸业之道。中等诸侯知闻到‘道’，就怀疑‘道’好像存在又不存在，推行存亡之道。下等诸侯知闻到‘道’，就十分喜爱‘道’，推行小邦寡民的无为之道；如果不十分喜爱道，就没有足够的善心和自然智慧去行无为之道。”

这个译文与历来注老解老家们的译文意思正好相反，具体详述在《<道德经>白话文解说》第四十章，此处只就“闻道”、“为道”作解说。

“闻”，《说文》曰：“闻，知声也。从耳，门声。聒，古文从昏。”《楚辞·九章》：“孰能思而不隐兮，昭彰咸之所闻。”“人景响之无应兮，闻省想而不可得。”“闻”与“思”、“省”相内联，本义是“知”。比后来的引申义“听”要宽广。此句用的是“闻”的本义“知”。《道德经》的“知”是多义词，作动词时是“知道”，即得知了“道”，现代汉语的意思是领悟到道，即：“悟道”。“闻道”就是悟道，不是“听道”。“为道”，为，作为，行。“为道”是行道。老子的“为道”是行善道，行无为之道：“善为道者。”

顿悟和渐悟是悟道的两种方法，是佛教语，现今流行为俗语了，所以本书使用这两个概念。老子的“闻道”恰好讲的是悟道中的顿悟、惭悟，重点论述了顿悟。上面所摘录的那些怪怪的话，说的都是顿悟法，不是说的渐悟和认识的成果——知识。这就要求把范畴弄清楚，认识方法和认识成果是认识论的两个不同的范畴，顿悟和渐悟也是两种不同的认识方法，不可混为一谈。那些贬斥老子的人就是没有划分开方法论和知识论、顿悟和渐悟，于是就说老子不要学习知识。即使是认识方法，也有不同，向外求学求道和向内悟道，也是两个不同的概念。下文就来分述顿悟、渐悟与向外求学求道的关系以及与知识的关系。

二、老子的顿悟法

（一）顿悟法是最直接最简易的认识方法

顿悟法，不从经验知识开始，不需要科学知识，不是科学认识方法。顿悟法，不识字的、博学的都能运用和实现。顿悟法就是认识主体让自己天生的善心和自然智慧，直接与万物、天地、大道、恒道融为一体，认识主体和认识对象分不开、分不清："道之物，唯望唯忽。忽呵望呵，中有象呵；望呵忽呵，中有物呵；濼呵鸣呵，中有请吔；其请甚真，其中有信。自今及古，其名不去，以顺众。吾何以知众仪之然？以此。"（二十一章）"我"融入到那"望忽"混沌之中，也成为那"望忽"中的一分子，"我""无我"了，只是"象呵"、"物呵"、"濼呵"、"鸣呵"、"请呵"、"信呵"。"我"与"道"为一体，"我"不知"我"，也不知"道"，"我"是道，道是"我"："寻寻呵，不可名也。"道不可言，道不可证明，道不证自明；"我"亦不可言，"我"亦不可证明，"我"亦不证自明地存在着。可是，"我"又是悟道主体，不可不言："未知其名，字之曰道，吾强为之曰大。""曰道"、"曰大"只是"我"的说辞，不是道之本身。"我"要说"道"，道在"我"心中，"我"心中有道；知"我"即知"道"，知"道"即知"我"："自知者，明也。”“知常，明也。”“自”与“常”是一体的。“我”“自明”了就“明常”了，还需要什么向外求学求道呢？如果“我”不“自知”，就不会“知常”，外出求学求道越远，也就离“我”、离“道”越远，真知越少。故曰：“不出户，以知天下；不窥牖，以知天道。其出也弥远，其知弥少。是以，圣人不得而知，不见而名，弗为而成。”

顿悟法，只求悟道，不图说道写道，无知无识的人都能使用顿悟法悟出道来。而向外求知求道的博学者，反而会被学来的邪门歪道所迷惑，抛弃了“自我”的天生善心和自然智慧，也就抛弃了“道”。故曰：“知者不博，博者不知；善者不多，多者不善。”

如此说来，这顿悟法就是最直接、最简易的认识方法了，它不需要什么哲学、逻辑学、伦理学、科学、政治学、文学等知识，也不需要去向什么祖师、大师、理论家之类的有学问的人求教，更不需要什么功名利禄、权力地位、金钱财富之类的身外之物的远大理想作动力。难道还有比顿悟法更简易的认识方法吗？老子和惠能的回答是：没有。故老子曰：“吾言甚易知也，甚易行也。”故惠能曰：“直指本心，佛在心中。”

可是，如此直接简易的顿悟法，“而人莫之能知也，而莫之能行也”。褒老者认为老子智慧太高，所言太玄妙神秘，难以理解和接受；贬老者认为老子是在胡说八道。这是为什么呢？因为他们都为知识所累，为功名所诱。故曰：“人之悉也，其曰固久矣”，“不道早已”。

（二）顿悟要求“不为功名所诱”，要“复归于婴儿”、“复归于朴”

老子云：“含德之厚者，比于赤子。”“抟气致柔能婴儿乎？”“复归于婴儿”，“复归于朴”。

这些话的意思是：婴儿（赤子）是一个人的最初状态，是自然人，天生的善心和自然智慧与德与道浑然一体。婴儿的求生欲望是“有欲”（必要的欲望），动作行为是自然的善行。婴儿不知道世俗社会的功名利禄、权力财富之类的东西。“复归”是“返回的意思”，为什么要复归呢？因为一个人在世俗里长大成人了，不仅体态上脱离了婴儿状态，更重要的是为功名利禄、权力财富所诱而失去了天生的善心和自然智慧，失去了“本我”。失去了“本我”的人要悟道是不可能的。如果要悟道就要回到“本我”，也就是说要返回到人的最初的我——婴儿状态。这不是说要成年人的体态复归于婴儿，而是说要那天生的善心和自然智慧返回到婴儿状态。明人李卓吾（李贽）用“童心”说解释老子的“婴儿”论，算是解出了原义，见解精辟。

下面列举人的四种情况来例证。

1.如果一个人从婴儿时有良好的家教，有良好的乡俗影响，又有良好的师教，一直保持着婴儿时天生的善心和自然智慧，他求生存“唯道是从”，在世俗中，他无意地获得了功名利禄、权力财富，又“尊道而贵德”地处理所得。即便他与恶势力周旋时，使用了机智和争斗，也是合道合德的。他没有为功名所诱，一生与道与德在一起，一生是颗婴儿善心，一生是个圣人，他就用不着“复归”。故曰：“大丈夫居其厚，不居其泊”，“圣人终不为大，故能成其大”，“生而弗有，长而弗宰也，是谓玄德”。

2.如果一个人从婴儿时代起，家教不善，乡俗恶劣，师教不良；从小树立起“做人上人”、“成龙成凤不成人”的雄心壮志，一生为追求功名利禄、权力财富而奋斗，与人斗智斗勇；成功了就做贵富人，甚至做皇帝，不成功就成为贼寇，这就是为功名利禄所诱，失去了婴儿时的善心和自然智慧。如果他有一日幡然醒悟，想悟道，那么就要首先修身到“抟气致柔能婴儿”的状态，才会顿悟出道来。譬如，有些高官大富，看破红尘而解甲归田，或散尽财物济人，成为了普通人。故曰：“复归于婴儿”，“复归于朴”。

3.如果一个人一生都用智谋或勇力与人残酷斗争，获得功名利禄、权力财富，至死也不反悔，不知道宽恕人，他就一生不会“复归于婴儿”，不会恢复善心和自然智慧，一辈子也不可能悟出道来，也就一辈子不能理解老子，只会贬斥老子。譬如，中国多数具有汉武帝式的雄才大略的皇帝和具有诸葛亮式智谋的军师以及沉迷于功名利禄的鸿儒们，“谈笑有鸿儒，往来无白丁”。故曰：“夫礼者，忠信之泊也，而乱之首也。前识者，道之华也，而愚之首也。”“夫唯知乎大眯。”

4.如果一个人居住在乡俗朴实的穷乡僻壤之中，家贫不能读“四书五经”，无知无识，很少受到恶习和功名利禄、权力财富思想的污染。他听到有人正确地讲老子、苏格拉底、释迦牟尼，天生的善心和自然智慧就与老子、苏格拉底、释迦牟尼融为一体了，顿悟出了“本我”和“道”，譬如惠能。故曰：“天门启阖，能为雌乎？”“为天下浴，恒德乃足；恒德乃足，复归于朴。”

所以，老子的顿悟法，最适用于第1.4两种人，能被第2种人理解，不能被第3种人理解。

（三）顿悟要求“不为知识所累”，要处在“无知无欲”的“淳朴”境界中

老子云：“多闻数穷，不若守于中。”“绝学无忧。”“学不学，复众人之所过；是以，辅万物自然，而弗敢为。”“知不知，尚矣；不知不知，病矣。”“绝圣弃知……绝仁弃义……绝巧弃利……”“知者不博，博者不知。善者不多，多者不善。”“智之者弗言，言之者弗智。”“为道者，非以明民也，将以愚之。”“使民无知无欲也。”“以知知邦，邦之贼也；以不知知邦，邦之德也。”“夫唯知乎大眯。”“前识者，道之华也，而愚之首也。”

这些话，都是在说那些学来的知识对悟道时的妨碍作用。

文明社会创造的知识，第一类是人为了生存，向自然开展生产劳动和科学研究而获得的成果，称为物理知识；第二类是人为了自身生存和富足，开展与人作斗争而取得的智谋和武功的经验成果，是社会伦理知识。这两类知识，都是实践经验知识，有善有恶，是“道之华”，称不上是道本身。悟道就要悟到道本身。如果悟道时受到这些“道之华”的干扰，甚至把“道之华”当作道本身，那么人天生的善心和自然智慧就被堵塞了，就乱了方寸。所以“道之华也，而愚之首也”。一个人抛弃了内在的天生善心和自然智慧，去向外求学求道，求来的就是实践经验知识，那不是道。道在“我”心中，向外是学不来、求不来的。所以，“多闻数穷，不若守于中”（太多知闻会计划到极端去，不如留守在内心“不仁”的天性之中）。如果一个人已有“多闻”了，要想悟道就必须不为知识所累，要抛开实践经验知识，特别是要绝弃圣、知、仁、义、巧、利之类的“多闻”，绝过经验知识的江河（绝学），到达“无忧”的彼岸（“无知无欲”），才会使内心“淳朴”起来，才会领悟到不能感知的形而上的“道”（“知不知”），觉悟到不能学来的“道”（“学不学”）。故曰：“知者不博，博者不知。善者不多，多者不善。”“知不知，尚矣；不知不知，病矣。”“学不学，复众人之所过；是以，辅万物自然，而弗敢为。”

下面列举三种情况来证明。

1.如果一个人出生于一个贫贱家庭，心地善良，为人老实忠厚，做事认真吃苦，不能读书，一字不识。他有缘第一次听人讲老子，听懂字义句章，即使讲者把老子原义讲错了，他也能领悟到老子的“道”和“法”，纠正错解，因为他的心中自有一根准绳：天生的善心和自然智慧，这根准绳没有受到知识的污染，与老子的“道”自然相合，融为一体。这就是顿悟。譬如，惠能顿悟佛性，故曰：“多闻数穷，不若守于中。”

2.如果一个人出生于儒学世家或黑格尔门徒辨证论世

家，从小受着儒学或辨证论的熏染，入学了，读的是“四书五经”或辨证论，那么这个人所学的就是圣、智、仁、义、巧、利和对立、矛盾、斗争之类争权夺利的知识，并且把这些知识当作真理珍藏于内心。他也修身反省：“吾日三省吾身：为人谋而不忠乎？与朋友交而不信乎？传而不习乎？”他所反省的是忠、义、信学好了没有，又去做到了没有。这样，他婴儿时的善心和自然智慧就被包裹上了厚厚的恶知识污垢。他学得越多，习得越自如，那污垢就越深厚顽固。尽管这种人被他的同仁和门徒称颂为知识渊博的大师，他一生与悟道无缘。这种大师在遇到老子学说、苏格拉底学说时，就会立即予以贬斥。如果有人劝他们放弃所学，返回淳朴心境去悟道，那是不可能的。譬如，汉儒、宋儒、明儒、新儒和辨证论的中国大门徒。故曰：“博者不知。”“多者不善。”“不知不知，病矣。”“以知知邦，邦之贼也。”“夫唯知乎大眯。”“前识者，道之华也，而愚之首也。”“为道者，非以明民也，将以愚之。”“使民无知无欲也。”

3.如果一个人在小时候，他的父母无知无欲，心地善良，在他记忆力强的入学前保护了天生的善心和自然智慧。他入学后，接受儒学和辨证论教育，熟悉了儒学和辨证论，并且在年轻时成为了狂热的儒生和黑格尔信徒。他对老子、苏格拉底、释迦牟尼不屑一顾，把父母的教导置之脑后。他出了校门进入社会，却命运多舛，官运不亨，受到官场排斥，专制社会的事实经常与他天生的善心和自然智慧发生冲突。他迷惑了，怀疑起所学的知识，决定反省所学的知识。在一个寂静的夜里，他仰望天空，远望茫茫夜景，内心所学的知识一下子全部消失了，回忆起儿童时的父母教导，恢复了婴儿时无知无欲的状态。顿然，他的“本我”呈现出来了，到达了“无我”境界，与万物、天地、大道、恒道融为一体了。他不知那个始初状态叫什么，却感悟到了它的真实存在。他悟到“道”了。后来，他再去读老子和苏格拉底，感到了万分亲切，老子和苏氏说出了自己说不清楚的内心话。他反戈一击了，批判所学的儒学和辨证论。譬如，阮籍、嵇康、陶渊明、李卓吾。

所以，老子的顿悟法，只适用于第1、3两种人，不适用于第2种人。

三、老子的渐悟法

老子十分重视顿悟法，但也不抛弃渐悟法。渐悟法的对象是侯王和“博者”。老子认为侯王和“博者”是“不善人”，但并没有抛弃侯王和“博者”：“不善之人，何弃之有？”所以老子就论述了渐悟法，希望侯王和“博者”能悟道、为道、从善。渐悟法是从经验知识开始，使用科学和逻辑方法，最后达到顿悟。

（一）“为学”与“闻道”

老子云：“为学者日益。闻道者日损，损之又损，以至于无为，无为而无不为。将欲取天下也恒无事；及其有事，不足以取天下。”（四十八章）“上士闻道，堇能行于其中。中士闻道，若存若亡。下士闻道，大笑之；弗大笑，不足以为道矣。”（四十章）

“上士闻道”章，区分了三类侯王的“道”。上士——上等诸侯所知闻的“霸道”，是像地面上的黄土那样的表面的“道之华”，不是道本身。中士——中等诸侯所知闻的存亡之道，是同于德者的存亡之道，是“同于德者，道亦德者之；同于失者，道亦失之”（二十四章）的内心不稳定的道，不是永恒不变的道本体。下士——下等诸侯所知闻的小邦寡民之道，才是天下人皆知而大喜的善道。三种不同的“士”所知闻的“道”是与他们的地位和所学的知识不同有关的。上士所集合的谋士和说客最多，所学的知识最复杂也最多，最主要的知识是建立霸业知识。要建立霸业，对内就要行君王独裁专制，以刑法治国；要亲近君子，疏远小人，即君王恒有心，不“以百姓之心为心”；对外要制定战略，选择打击对象、寻找借口和时机，制造事端以取天下——“有事”以“取天下”。中士所集合的谋士和说客较少，所学的知识也较少，主要知识是保存自己不被大国灭亡。要保存自己，对内要笼络人心，亲近君子，也不要太得罪小人了，实行“仁政”，“以德治国”；对大国要忍：“小不忍而乱大谋”。下士所集合的谋士和说客最少，所学的知识也最少，主要是如何使邦家安全的知识。下士的言行直接在百姓监控之下，也与百姓直接生活在一起，邦家要安全全靠百姓的支撑，所以要“以百姓之心为心”；对外，为了安全，必须和睦乡邻，与人为善。

针对三种不同的“士”，老子认为下士能顿悟到道本身，无需渐悟法。中士和上士要悟道就必须行渐悟法。

“为学者日益”，是“为学者（所知）日益”。译文是：求学所获得的知识一天比一天多起来，知识渊博起来。

“闻道者日损”，是“闻道者（所知）日损”。译文是：知闻道体就使原来所学到的渊博知识一天比一天减少。

这样，对于知识来说，“为学”与“闻道”是相反的：“为学”就知识增多，却妨碍“闻道”；“闻道”就知识减少，甚至要抛弃所学的知识。这种观点当然是儒生和辩证论者以及“知识就是力量”的培根们所不能理解和接受的，也是上士不能理解和接受的，所以帝王不用“老子之术”。中士也许能通过修身能理解。下士当然十分喜爱：“大笑之。”

“闻道”要把“为学”到的渊博知识减少到什么程度呢？曰：“损之又损，以至无为，无为而无不为。”译文是：减少又减少，一直减少到“无”的知识指导人的行为，“无”知的行为才是“道法自然”的行为（没有不为的行为）。这就是说，要知识渊博的人返回到知识的“零”点去，即返回到“无知无欲”的婴儿状态中去。换一句话说：悟道不为知识所累，不为功名所诱。在政治上，不能以知识治国，只能以“不知”（“无为”）治国：“以知知邦，邦之贼也；以不知知邦，邦之德也。”“将欲取天下，恒无事；及其有事，不足以取天下。”

（二）渐悟有一个“善始且善成”的过程

上文已述，渐悟是针对受渊博知识蒙垢的中士、上士而说的悟道方法。知识渊博本身就有一个“学”的过程，再加上人的无知无欲的婴儿阶段和闻道所要求的“日损”阶段，返回到“无知无欲”的“善成”结局，就形成了一个完整过程：婴儿起始的“善始”→“为学者日益”→“闻道者日损”→顿悟善道。

一个人带着善心和自然智慧出生了，这善心就是他所具有的善种子，这自然智慧就是他生存、生长、学习、创造、悟道、复归的潜能。一个人的出生就是“善始”：从善心起始。人出生后就开始接受母亲的教育和培训：逗笑、做动作等，开始说话和学走路时，受着全家人的教育和培训。婴儿的头脑对他后天的人类社会知识是“一块白板”（洛克语），没有任何文明观念，并不是康德的先验论所说的有先天的观念。在家教中，他根据所处的语种，开始有了妈妈、爸爸、奶奶、爷爷、哥哥、姐姐、吃、睡、走、跑之类的观念，他的基本品质开始形成了。例如，在大人的教育下，他与同龄儿童发生吵架时，或者被教成要吵赢打赢，要进攻；或者被教成要忍让，又要反抗。在玩耍小动物时，他或者被教成以虐待小动物为快乐，或者被教成以爱护小动物为快乐。在对待吃饭和劳动上，他或者被溺爱为好吃懒做，或者被教化成吃苦耐劳，等等。父母是儿童心中的偶像——真理的化身。儿童上幼儿园了，接受了师教。儿童的基本品质的形成在于家教，基本品质的固定在于师教。从幼儿园到小学，儿童的基本品质被固定下来了，或者固定了父母教给的争强好胜的品质，或者固定了父母教给的忍让又反抗的品质。如果儿童在幼儿园和小学遇上了善良的教师，可以纠正父母教给的不好品质；如果遇上了不善良的教师，又可以败坏父母教给的好品质。到了中学，儿童变成了少年或青年，他从基本品质出发，开始独立发展和壮大。凭着他的基本品质，他独立在教科书中或在社会里寻找新的偶像代替父母和教师。但中学生的判断力是不健全的。如果教科书里所给的偶像都是善的，即使是品质不好的中学生也找不到与他不好品质相一致的偶像，他就会改变自己的不好品质。如果教科书里所给的偶像是恶的，那即便是基本品质好的中学生也会变坏。如果社会习俗良好，即使基本品质不好的中学生也会变好；如果社会习俗恶劣，即使基本品质好的中学生也会变坏。

大学生和社会青年，所学的间接经验知识（书本知识）和直接经验知识（实践知识）不断丰富起来。他们的优点是：身体健壮，活力充沛，记性健强，创造力大，新知识多，冒进性强。他们的缺点是：理智力不强，自以为是，以为自己所学所积的知识就是真理，容易被激情俘虏，被不良的政治和权力所引诱和鼓动。他们瞧不起父母和中小学教师。他们的口头禅是："世界是青年人的"，"时代不同了，父母和老师跟不上时代需求"；他们常使用的词是"代沟"、"与时俱进"。他们不知道时代不同了只是物质生活有变化，而人的天生善心和自然智慧是没有“代沟”的和不变的。他们在社会生活中出现了分化。分化的原因是多种的，主要是：（1）家教和中小学所培养的基本品质不一样；（2）个人天资的发挥不一样；（3）家庭背景不一样；（4）社会关系不一样；（5）人生选择不一样；（6）知识倾向不一样，等等。这些“不一样”，使他们的社会机遇和遭遇也就不一样了。更深一层说，他们同样的天生的善心和自然智慧上的蒙垢深浅也就不一样了。这就决定着他们的“闻道”不一样，有上士、中士、下士之分，有先和后之分，甚至有“悟”和“不悟”之分。

一个人进入到中、老年时，激情开始冷却下来，情绪开始趋向沉静，所思所行开始要问一个“为什么”，理智开始向上，去寻找现象背后的原因，反省前半生的思想和行为，这就是独立思考的哲学思维活动，在行动上叫“修身”活动。在修身中，上士们天生的善心和自然智慧上的蒙垢太深厚而且顽固，难以剥落，“修身”后仍然认为自己所学所求的知识是真理，自己的选择是正确的，去行“道之华”。中士们天生的善心和自然智慧上的蒙垢不深厚，“修身”后认为自己所学所求的知识值得怀疑，自己的选择也值得怀疑，就进行艰难的“闻道者日损”的过程。这个过程一旦达到顿悟，则茅塞顿开，豁然开朗，悟出道来。下士们天生的善心和自然智慧上的蒙垢稀薄，一旦"修身"或受到已悟出道的善人启示，就能顿悟出真道来。所以，下士悟道在先，在青年时就能悟出道来，是"先觉"；中士悟道艰难在后，是"后觉"；上士为功名所诱，一般不能悟道，是"不知不觉"（孙中山语）。但是，"不知不觉"的上士在面临巨大危机或临死时，有的会被天下人所挟持而悟出道来，有的被死亡惊骇，突然良心发现。至危至死不觉的上士是有的，只是极少数。这里要说明一下，老子的上士、中士、下士与孟子、孙中山的"先觉"、"后觉"、"不觉"所指的人群是不同的。老子的下士，是"先觉"，是"百姓之心"；中士是"后觉"，是"为知识所累"的知识分子；上士是"不觉"，是极少数专制权贵者。而孟子、孙中山的"先觉"是少数君子——政治精英，"后觉"是广大知识分子，"不觉"是广大无知无识的民众。所以，老子寄希望于基本品质良好的知识分子和广大百姓，孟子寄希望于君子，孙中山搞的是精英起义，不依靠广大市民，靠民族主义推翻清政府。

所以，"中士闻道"要经历一个艰难的渐悟过程，要在"修身"中逐渐减损渊博的知识到"无"，恢复到婴儿的无知无欲阶段，才能顿悟出"道"来。

四、比较顿悟和渐悟的优与劣

（一）顿悟过程简单，渐悟过程复杂

顿悟是直接简易的悟道方法，渐悟是间接复杂的悟道方法。下面图示出顿悟和渐悟的过程。

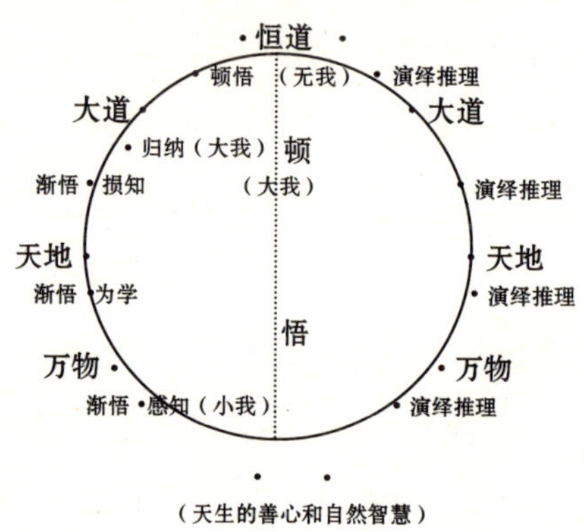

渐悟最后也要产生顿悟，才能闻道。就“闻道”而言，顿悟优于渐悟；就写道而言，渐悟优于顿悟。

（二）顿悟说道写道难，渐悟说道写道易

单就“闻道”而言，顿悟优于渐悟，但就说道写道而言，渐悟又优于顿悟。

顿悟之人一般是文盲、半文盲，极少有知识渊博的。如果只“独善其身”也就罢了，如果要“兼济天下”，就要说道写道，那就难了，那就要重新“为学”，学习许

多哲学知识、逻辑知识、伦理政治知识、科学基本知识，甚至要知道歪门邪道知识，便于辩论、批判。惠能说《坛经》是在不断听有知识的人念经给他听后，掌握了真经和假经的内容，才去说经的。

渐悟的人，都是有知识甚至知识渊博的人，老子、苏格拉底、释迦牟尼都是顿悟的人，只不过渐悟最后达到了顿悟。渐悟的人具有了正反两方面的知识，并且语言功底深厚和表达艺术高强，所以说道写道就容易了。所以，佛教徒不应该褒惠能而贬神秀，惠能顿悟和神秀渐悟都悟出了佛法，各有所长，各有所短。

第五节

认识的成果——知识层次

顿悟认识是跳跃直达的，所悟出是不证自明的真知，然后以真知为理论大前提，向下演绎出各个层次的知识。渐悟认识是逐渐从低层次阶段知识进行剥离，攀缘向上，达到顿悟出“道”来，过程本身就有层次知识。

一、关于“知”

《说文》曰：“知，词也，从口从矢。”矢，是箭，疾速。从口中吐出的快速的箭当然不是箭本身，是像箭一样的东西，这东西当然不是呕吐的饮料或食物，而是话语——词。词必表义，话必表理。这义和理是心中所思的结果，也就是人认识的成果——知识、道理。老子所说的“知”作名词时，使用的是“知”的本义“词也”。老子的“知”分为三大类、四个层次。

二、老子的“知”的三大类

第一类是“绝圣弃知”的“知”。如，“不以知知邦”的第一个“知”，“夫唯知乎大眯”的“知”，“不以知乎”的“知”。这类“知”是伪知，人为的“知”，人凭主观意志或错觉生造出的假知，是伪智慧，“道之华”的“知”，只是反应了事物的现象或假象的“知”，运用起来就是智巧、智谋、智术。这类“知”最能愚弄人，迷惑人不去探索真知。故曰：“前识者，道之华也，而愚之首也。”后人“为学”而来的“博”知就是这类“知”。

第二类是“为学者日益”的知识，是经验知识，是物理和伦理知识，是不稳定的意见或信念，必须升华到理念知识，在实用时要受到悟道知识的节控。

第三类是“博者不知”的“不知”知识。如“知不知”的“不知”，“以不知知邦”的“不知”。之所以用“不知”，是为了与第一类“知”区别开来。“不知”有两种解释都正确，第一种解为：知识渊博的人所不知道的知识——道本身；第二种解为：不能感知的知识——道本身。

对于这三类知识，老子认为第一类知识不是从道本身演绎出来的知识，是“道之华”的知识，是“美言不信”的知识，是荒谬的知识，应该“绝弃”，“绝圣弃知”。老子认为第二类知识是由感觉经验所获得的，还不是真知。第三类知识是从道本身演绎出来的知识，是“善言者无瑕适”、“信言不美”的善知识，可信知识，应该保存。人如果学得了不可信的华丽的现象知识，并把它们当作真理，那就是被愚弄了，有知识病了。人如果独立悟出了可信的善良的本质知识，并把它们当作真理，那就是善知识，不病的知识。第二类知识必须受到第三类知识的检验和节控。故曰：“知不知，尚矣；不知不知，病矣。是以，圣人之不病，以其病病，是以不病。”（七十三章）

三、老子的“知”的层次结构

在这里对第三章老子体系的“图表”中的知识层次结构解说如下。

第一层次（最高层次）：圣人得道，“天下皆知”，“百姓之心”：“见素抱朴”，“明白四达”，“知不知”——“玄德”，“玄同”，“道”。这在“苏、柏体系”里叫绝对真理和理念知识。这是顿悟到“无我”境界的知识，是不可言说的、不证自明的真知，是一切知识的理论大前提。

第二层次：下士闻道：“以百姓之心为心”，“侯王得一”，无为之道，天道，人道，是顿悟出来的“大我”境界的知识，是可以言说的真知，是从第一层次演绎出来的知识。在苏、柏体系里叫相对真理，善知识、物理知识，也叫理念知识。

第三层次：中士闻道：有为之道，人道，仁与义，是“若存若亡”的存亡之道，是内容变化不定的知识，是间于“大我”与“小我”之间的知识。在苏、柏体系里叫“意见”或“信念”，是不稳定的感知经验知识。

第四层次：上士闻道：“道之华”，“美而不信”，礼智、巧利，是“损不足以奉余”的“人之道（霸道）知识”，是“愚之首”、“乱之首”的知识，是君王个人“可欲”的知识，是不可信的知识，是“小我”表达激情或唯个人意志的知识。在苏、柏体系里叫情感文学艺术知识，是实物的影子知识，是错觉、幻觉知识。苏格拉底把古希腊的伟大诗人荷马和剧作家们都放在知识的最底层里，认为诗人缺乏理智，生活在喜怒无常的情感世界里，艺术作品具有强烈的时代背景的情感色彩，只能释放时代的某些人的情感，极容易成为歌颂帝王英雄的工具，极容易情绪过激，或因悲伤过度而殉情，或因兴奋过度而疯狂。诗人不能传播真理，诗人成为哲学家是艰难的，哲学家成为诗人是容易的。所以，苏格拉底希望像荷马一类歌颂战争英雄的诗人能理智些，让理智控制情绪，成为民众情感的抒发者，为卑贱者呼吁，为愤世嫉俗而鸣放。老子的观点与苏格拉底基本一致，认为“信言不美，美言不信”，“道之华也，而愚之首也”。

老子和苏格拉底的知识论，与培根、休谟、费尔巴哈、尼采的知识论划清了界限。培根的“知识就是力量”的“知识”，顶多只能属于“中士闻道”的“若存若亡”的知识，或属于苏格拉底所说的不稳定的“意见”的经验知识；其鼓动起的“力量”有善的也有不善的。休谟、费尔巴哈、叔本华、尼采、海德格尔所说的知识，是个人“印象”或个人情感的知识，在老子那里是“道之华”、“美言”知识，在苏格拉底那里是虚幻的情感知识。可悲的是，现今的中国学者抛弃了老子的知识论，却去崇拜培根、休谟、费尔巴哈、叔本华、尼采、海德格尔等中士、上士之辈的知识论，实在值得反省呀!

第六节

关于说道和写道应该为知识所累——老子知识渊博

一、“道不可言”，圣人却偏偏要说道写道

第二节所述的悟道，强调悟道不需要人为知识，如果有了人为知识也要减损到“无”（零），才能悟出道来。悟道所达到的最高境界是“无我”：主体与对象浑然一体。这个浑然一体是不可分的、不可离的混沌状态，理不清，说不出，只是“我”心中自明。所以，庄子说：“道不可言。”释迦牟尼说：“不可说，不可说。”苏格拉底说：“要把我现在心里揣摩到的解释清楚，我觉得眼下还是太难，是我怎么努力也办不到的。”

悟道不需要知识，所以人人都能悟道得道，得道的是圣人，不能得道的是俗人。“道不可言”就不言吧，“独善其身”吧。可是，老子、释迦牟尼、苏格拉底却偏偏要说道，还要写道，这是为什么呢？因为在世俗社会里，有知识的人得道的是极少数，多数知识人得的是邪门歪道，邪门歪道在愚弄和危害天下人。得道圣人的善心不忍邪门歪道去危害天下人，他的自然智慧能侦察伪智慧，所以

得道圣人就产生了社会责任感和历史使命感，决定入世救世，要言“不可言”之“道”，要写难写之“道”。虽然难以言清，总比眼睁睁地看着邪门歪道危害天下人而忍气吞声好些。于是，老子就写《道德经》，释迦牟尼就演讲佛法，苏格拉底就以“善的儿子”太阳为喻来演说“至善理念”。

二、说道写道需要有渊博的知识：应该为知识所累

悟道不为知识所累，说道写道就要为知识所累。说道写道人要与邪门歪道辩驳，就需要有渊博的知识，心中的真道知识越多越好。说道写道至少需要如下六方面的知识：一是熟悉听道人的知识情况，以便有针对性地说道写道；二是要有逻辑知识，说话有条有理；三是找到与自己的“道”相同的古人之“道”，使自己所说的“道”具有传统性；四是熟悉与自己不相同的邪门歪道，以便辩驳，同时使自己所说的“道”具有反驳性；五是具有深厚的语言功底，使自己所说的“道”表达得通俗易懂；六是要有好的表达艺术，使自己所说的“道”生动有乐趣。这六个方面的知识都不是天生具有的，不是“不出户”、“不窥牖”、“不行而知”、“不见而名”就具有的，而是需要

出户、窥牖、远行、多见和为学才能有的，这就要去入学从师或自学。

（一）关于逻辑

逻辑是什么？逻辑一词起源于希腊文“逻名斯”，原义为思考、思维，是指人人天生所具有的有规则的思维活动能力。就道性或灵魂而言，逻辑是人的灵魂里的一种思维潜能，是一种存在、一种实体，思维潜能的实现，就表现出思维规则，就是逻辑性。它在老子那里叫“名”：“无名，万物之始也，有名，万物之母也。”“名”既是概念，又是思维规则，是思考万物起始和被生化的原因，再定义为概念。这个思维过程的规则就是逻辑。

逻辑学是什么？逻辑学就是把人天生的有规则的思维能力和思维过程用词语说出来，形成一门学问。用孙中山的话说：“凡稍涉猎乎逻辑者，莫不知此为诸学诸事之规则，为思想行为之门径也……吾以为当译之为‘理则’也。”逻辑不是什么神秘的东西，人人天生具有，并且每日都在使用。逻辑学也不是什么神秘的东西，是人人都能懂都能说的学问。只要“言有君，事有宗”和“吾言甚易知也，甚易行也”，那所言就自然合乎逻辑。

逻辑学是亚里士多德发明的，也是亚里士多德对人类知识的一大贡献。形式逻辑学在亚里士多德那里已具完备。中世纪，逻辑是“七艺”之一，是一种技巧。16世纪，英国人培根添述了“归纳法”，反对“知即德”，主张“知识就是力量”，害人不浅。其实，归纳法并非培根发明，苏格拉底就娴熟地运用它。以后的逻辑学家都没有什么贡献，只是在添乱。逻辑这一概念是被弄得很混乱的，出现了许多种类的逻辑，譬如“辩证逻辑”（由康德发明，费希特发展，黑格尔定型）。逻辑的作用也被抬到至高无上的地位，譬如“逻辑实证主义”。逻辑就蜕变成了晦涩难懂的神秘的东西了，只属于最高“伪智慧”的逻辑学家的神圣物和武器，对于常人就成了禁区或枷锁，逻辑学家就可以动不动用“不合逻辑”来吓唬你。如果逻辑成了思维活动的枷锁，我们悟“道”和写“道”戴上了这个枷锁，是悟不出什么、也写不出什么正道来的，最好的方法是不理睬逻辑。其实，苏格拉底、柏拉图、老子、释迦牟尼悟“道”和说“道”都没有理睬逻辑，他们的思维活动却都“合乎逻辑”。

逻辑知识对悟“道”不起作用。康德和黑格尔所定的逻辑公式是“正题——反题——合题”，对康德、黑格尔及其门徒起作用，而对悟出“正道”的人不起作用。逻辑知识对写“道”、说“道”是起作用的，其作用不在写“道”中，而在写“道”后，即不能对写“道”事先起指导作用，只能对写“道”之后起审稿作用，审出稿子中的不合思维规则的错误而进行改正。有逻辑知识就会写出“合乎逻辑”的论文。所以，现今的写“道”人，应该学点逻辑知识，最好是学柏拉图和参考亚里士多德的，不要学别的逻辑学家的，更不要被逻辑所枷锁。我劝中国学人，不要去研究逻辑，那是最没有出息的一门学问，弄不好就钻进牛角尖里出不来。那至高无上的本体赋予了每个人的思维规则，即每个人都具有本能的逻辑思维潜能，只要不受逻辑学家的迷惑，那天生的逻辑思维“即现眼前”（释迦牟尼语）。

（二）定义、划分（分类）

定义、划分（分类）是写“道”、说“道”最基本的方法。一个思想清晰而又有语言表达能力的哲学家，可以不懂得或者不理睬逻辑学知识，但是必须对所要述说的对象有逻辑上的明确的定义和划分，才能用词贴切，说理连贯。如果对所述说的对象定义不明确和划分不清楚，就不能找到适当的概念和范畴，那就最好不要说“道”、写“道”，只把“道”留在心里，因为悟“道”不需定义和划分，只要让“道”在心中浑然一体就行了。写“道”、说“道”能明确地定义和清楚地划分，苏格拉底、老子、释迦牟尼都是楷模。他们都能明确定义自己的“道”，也能清楚划分自己所要论述的“道”的组成部分以及与“外道”的不同，特别是苏格拉底，十分重视定义和划分。譬如对“正义”的定义，他就有条理地推论了很长的文字。亚里士多德高度赞颂苏格拉底在定义和划分上的贡献。定义和划分在思维活动中是同时进行的一个整体思维：在定义中有划分，在划分中有定义，定义不明就划分不清，划分不清就定义不明。但为了便于理解，又不得不分开来说。

1.定义。对于定义的解说，苏格拉底、柏拉图和亚里士多德的观点基本一致，稍有不同，柏拉图定义的对象必须囊括所有种的共性和种差，直到他们最大类，如对“正义”和“智者”的定义；亚里士多德只取“邻近的属”。但是亚里士多德有专论，这里就引用亚里士多德的话来述说。

（1）“定义”的定义。“定义就是‘其所是的’的原理。”“原理只有是与不是、存在与不存在、真实与不真实，而没有生成和消灭。”“只有形式的部分才是原理的部分，原理是普通的。”（亚里士多德语）

（2）能被定义的对象和不能被定义的对象。①能被定义的对象。“‘其所是的’，要么只属于实体，要么最多地、原始地、单纯地属于实体”，“原始而单纯的定义和‘所以是的是’只属于实体”。在定义中，除最初的种和属外，别无所有。②不能被定义的对象：A.“人们忽略了在永恒事物中不可能下定义，特别对那些独有的东西。”B.“可感实体既没有定义，也无证明……尽管一个人可以去给某一个别事物下定义，但不应不知这种定义经常要被推翻，因为这是不允许下定义的。”“可感觉的、对如此这般的东西都无定义，而是凭思想、凭感觉来认识它们。”“对于这些东西人们怎样说都没有关系……不过不是原始意义罢了。”（亚里士多德语）亚里士多德的话对具有一些哲学基础知识的人来说，应该是通俗易懂的，难懂的只有两处：一是这里的“种”与“属”被现今人颠倒了，“属差”成了“种差”；还有几个概念在文中混杂，这里稍加说明就可以了。“其所是的”、“存在之存在”、“实体”、“原理”、“形式”指的是形而上的本体或本原、最初因。稍有不同的是，“存在之存在”、“实体”、“形式”是从认识对象即客体方面来说的；“其所是的”、“原理”是从认识主体方面说的。苏格拉底、柏拉图那里就简明得多，只有“理念”、“形式”，“理念”是指世界的本体，“形式”是指生化成天地万物和人的本原、最初因、第一推动力。在“理念”和“形式”中主客体为一体。因为“理念”遇到了“分有”的理论困难，亚里士多德就不用了，选用了那么多概念，反而混杂了。

亚里士多德的话告诉我们，哲学意义上的“定义”不是平常说话、写文章那样随意用词，要严肃慎重。一个定义就是一个“理念”（“原理”），并且是形而上的本体意义上的“理念”（“原理”）。能被定义的“理念”或“形式”是为数不多的，不是所有的东西都能被定义的。有两类东西不能下定义：其一是永恒的、单个而无对应的“理念”和“形式”不能被定义。就是说，最高的、最初的、唯一的那个本体的“理念”和“形式”不能被定义，只能被比喻描述。譬如，苏格拉底的“至善理念”、老子的“道”、释迦牟尼的“佛”，因为“这个”是唯一的最大类，没有“属差”（“种差”）。其二是可感物不能被定义，因为可感物是有生有灭的，不稳定的，如果被定义了，那“定义”也是有生有灭的，不是不生不灭的“理念”（“原理”）了。由此可以说亚里士多德为“定义”立下了三个原则：①定义是具有本体性质的“理念”（“原理”）；②永恒的、唯一的、最高的“理念”（“原理”）是不能被定义的；③可感物不允许下定义。

但是，从文艺复兴运动后，特别是德国哲学兴起后，“定义”就被蹂躏得一塌糊涂。经验论、先验论、实用论、实证论、唯物论、进化论、功利论、自由意志论、激情主义，一时猖獗，完全抛弃了亚里士多德的“定义三原则”，形而下的东西都能被定义，唯独形而上的“理念”（“原理”）不能被定义。对“定义”的奇谈怪论层出不穷，连严肃的哲学家和逻辑学家也跟着去适应所谓的“学界新情况”，去修改“定义”的定义，弄出些所谓的“字义”、“实义”、“本质定义”、“非本质定义”、“描述性定义”、“偶有性定义”、“发生性定义”等五花八门来。最典型的例子是列宁对可感觉的“物质”下的定义还成了经典。又譬如，有人发怪问：上帝是谁？至善理念是什么？道是什么？佛是什么？他们企图用这些不能下定义的东西来难倒真哲学家。真哲学家只能回答：这是伪命题。庄子云：“道为天下裂。”这种胡乱定义，你不服我，我不服你，能不争吵么？能不胡闹么？爱因斯坦说：“世界是由几条最简单的原理构成的。”这话与亚里士多德的观点是一致的。如果这话是真理，那么那些铺天盖地的“定义”就不是原理，不是知识，而是假知识，是伪智慧。

2.划分（分类）。划分（分类）是最基本的最重要的写“道”、说“道”方法，不管是真哲学家还是假哲学家都必须将自己的认识成果进行划分（分类）才能写出来、说出来。划分正确表现了思想清晰，也只有思想清晰才能正确划分；相反，划分错误表现了思想混乱，思想混乱必然划分错误。苏格拉底、柏拉图、老子、庄子、释迦牟尼都是悟出正道而思想清晰、重视划分又能正确划分的圣哲。

亚里士多德说："人们所寻求的是原因。这对某些东西来说，就是何所为……对另一些东西来说，就是最初运动者，这也是原因。不过一种是生成和消灭的原因，另一种则是存在的原因。当一个词项不为其他词项所述说时，我们的研究就无所适从……而寻求首先要有明确的划分，如果没有，寻求有无结果就混同了。所以，必须把握事实的存在。"这就是说，悟"道"必须寻求出"最初因"——本体，划分就要从本体开始，才能"述说"其他"词项"。否则，"寻求有无结果就混同了"，"研究就无所适从"。圆满的、正确的划分是对整个世界的最简单的最原始的划分，并不遗漏最基本的部分。如果缺了"头颅"，划分就不全。且看苏格拉底、柏拉图、老子、庄子、释迦牟尼对世界的最圆满、最简明的划分。

苏格拉底、柏拉图将世界划分为二：可知世界、可见世界；又进一步划分为四：理念世界、理念世界的影像世界、实物世界、实物世界的影像世界。与之相对应，他们将知识层次划分为：理性知识、技术结论、意见（信念）、情感想象。真理在理性知识里。与之相对应，又将学问划分为四：哲学、自然科学、伦理政治学、艺术作品。最高本体只有一个：至善理念。“善”又被划分成两个儿子：一是太阳，一是灵魂。对于认识主体来源，太阳是外在现象的原因，灵魂是内在理智的原因。虽然为了写“道”把世界划分为“多”，但是就存在而言，世界只是“一”。主体和客体在写“道”时划分为“二”，而在悟“道”时则通融为“一”。这个简明的、圆满的划分是苏格拉底、柏拉图哲学体系的基石。不明白“这个”划分是在写“道”时出现的，就会对苏格拉底、柏拉图体系提一些伪命题进行质疑和责难，譬如对“分有”和“一与多”的责难。

首先对“这个”划分进行质疑和责难的是亚里士多德。亚里士多德的质疑和责难有三：第一，从认识论的角度责难“这个”划分，排斥了“经验”，认为一切知识从经验中来，再上升到理性知识。第二，从本体论角度上责难，说“这个”划分是“二元论”：可知世界和可见世界、太阳和灵魂，认为世界是一元的。在客体上是“存在之存在”，即“单纯”的“实体”是本体，在主体上是“其所是的”即“最初因”是本体。第三，从本体论角度责难“理念”的“分有”论，认为“理念”是“一”，被

“分有”了就是“多”，“一”也就不是“一”了，寻找用“自身分离”的“实体”取代“理念”。

亚里士多德的质疑和责难其实是多余的，不必要的。第一，苏格拉底、柏拉图并没有排斥“经验”，只是将“经验”放到了它应该放的地位上。亚里士多德的观点成了后来唯物主义、经验主义的渊源。第二，苏格拉底、柏拉图并不是二元论者，“至善理念”是唯一的本体。亚里士多德没有理会到“至善理念”，只是停留在“善”和“理念”的“多”上。这就为后来的培根否定“知即德”和主张“（经验）知识就是力量”开了一条路子。第三，苏格拉底、柏拉图“理念”的“分有”只在写“道”上，不在悟“道”上，也就是说只在认识论上，不在本体论上，并不存在“分有”的理论困难。亚里士多德的质疑成了多元论、怀疑论、不可知论的根据。可见，亚里士多德的智慧低于其师、其祖师，退了一步。

老子、庄子虽然没有像苏格拉底、柏拉图那样有专文划分，但是从《道德经》和《庄子》中可以比较出他们对世界的划分同苏格拉底、柏拉图的“这个”划分一一对应。形而上世界是“可知世界”，形而下世界是“可见世界”，“道”世界是“理念世界”，“惚恍”世界是“理念的影像世界”，“器”世界是实物世界，“五色”世界是实物影像世界。与之对应的知识层次是道、德、仁、礼、情；或者是“圣人得道”、“下士闻道”、“中士闻道”、“上士闻道”。后来的孔子不言老子所划分出的那个“道”、“德”、“情”，专言“器”世界的“仁、义、礼”，孔子的划分除掉“头颅”和“四肢”，只留“胸”和“腹”部。

释迦牟尼对世界有专文划分，与苏格拉底、柏拉图的大体相同。先把世界划分为“一真法界”、“无色界”、“色界”、“欲界”。与之相对应的悟道过程和认识过程有：人乘、天乘、声闻乘、辟支佛乘、菩萨乘，最后获得的是“善知识”。

所以，苏格拉底、老子、释迦牟尼有圆满、明确的划分，也就有明确的概念组成的圆满的哲学体系。（《西方哲学渊源——苏·柏体系》）

从亚里士多德后，也有不少从不同角度的著名的划分，譬如，奥古斯丁的“天上城”和“地上城”，托马斯的“知识”、“形而上”、“伦理”，波拿文都拉的“知”、“情”、“意”，笛卡儿的“心”、“物”、“神”，洛克的三类实体和三类观念，培根的“四偶像”，黑格尔的“正、反、合”。这些划分都没有苏格拉底、柏拉图的划分圆满和明确，给哲学划分添了许多麻烦。还有许多哲学家根本就没有从整体进行划分，只是捉住一个方面或一个角度不放，给哲学制造混乱。

以上事实证明了一个相对真理：要想思想清晰、划分正确，必须寻求一个有本体性的普遍性的原理作为标准。苏格拉底、老子、释迦牟尼之所以在不能互相通信息和讨论的情况下，能有相同或相近的划分，是因为他们都寻求到一个共同的划分标准：善。苏格拉底称之为“至善理念”，老子称之为“上善”的“道”，释迦牟尼称元为“慈悲”的“佛”；对知识，他们都称之为“善知识”——“善即知”、“知即德”。其他的哲学家之所以思想混乱、划分不明，都是因为没有寻求到那个划分标准，都从一个侧面或一个角度去划分，引起划分的混乱。

（三）几个基本概念的澄清

如上节所述，能被定义的对象为数不多，被描述的对象有许许多多，对世界和知识的划分越基本越简明越好，只有几条最简单的原理最好。这就是说，在说“道”、写“道”时能被运用的概念即原理并不多，不证自明的公理更少。一个概念就是一个原理，即一个理念。所以，下定义是很严肃的写作，并不是随便用一个词、说一句话就是一个概念。

由此，我们可以对定义概念和使用概念作出这样八条原则：

1.最基本的概念必须具有形而上的本体性质，这就能定义出最原始的、最普遍性的、最大类的概念，为下属的种概念找到类和种差。

2.最基本的概念必须具有传统性。这就是说从哲学渊源上流的基本概念是不能被随意修改和偷换的，要作修改就要充分说明理由和定义明确。这就能保持原始概念的内涵的连贯性，不至于发生歧义，引起概念不明确和混乱。这既是尊重圣哲，更是尊重真理。

3.概念必须具有普遍性，而不具有具体性。一个种概念要囊括该种的所有事物，而不是只有其中的一个或一部分。

4.概念必须具有抽象性质而不是形象的。概念只抽取共同的性质加以界定，排除特性和表象。形象思维里只有描写性的语句，没有概念，因此不是哲学思维。

5.概念必须具有稳定性，对可感事物的描述语句不是概念。

6.概念必须有属差（种差），对永恒的、单纯的、最大类的描述语句不是概念，因为最大类没有属差（种差）。

7.概念的语句必须是肯定的。因为只有肯定句子才明确回答“是什么”。

8.定义概念的用语必须是简明通俗的，而不是晦涩难懂的，这既是尊重语种习俗，又是尊重民众。

为什么要做“概念的澄清”工作呢？这是因为有许多自称为或被门徒吹捧的著名哲学家违反上述的“概念原则”，臆造出千条万条的所谓“概念”，制造了概念混乱，也就制造出千奇百怪的虚假的哲学原理和哲学体系，表现在概念上的主要不正常现象有：

1.对同一认识对象定义出许多不同的概念；

2.在同一语种中对同一概念使用不同的语句；

3.搞所谓的反传统或与传统决裂，标新立异出另一套晦涩难懂、意思不明的概念；

4.降低哲学的地位，把哲学降低到实物世界，甚至实物的影像世界里，对可感事物和变幻的影像定义概念，混淆了概念与意见（信念）、想象的界限，也就把唯物论、经验论、实用论上升为哲学；

5.宽泛哲学的定义，把具有一些哲理的诗歌、散文、小说等艺术作品也上升为哲学；

6.同一语种使用不同的语句去翻译同一概念。造成概念中这些不正常现象的原因是哲学家的动机不纯和智慧低下、政治家的介入、文学家的不良企图。

由此，我们明白了“概念的澄清”工作中的一些事情：做这个工作的依据是概念的原则；其工作对象是那些不合乎概念原则的所谓概念；其工作任务和方法是，清除根本不是概念的“概念”，修正不明确的概念，选择同一概念所使用的不同语句中最简明通俗的语句；其工作目的是消除概念混乱，约简概念数目，破除哲学迷信，清明哲学本性，使大众都能看懂哲学论文、懂哲学、讲哲学、用哲学，成为哲学家，最大程度地发挥哲学对其他学科和人们生活的指导作用，进而改良社会，协和人类社会与万物、自然、宇宙的关系。

“概念的澄清”工作，洛克曾经努力做过，但不彻底；在洛克之后，以德国哲学家为领头羊的一大批哲学家又制造了更多的违反概念原则的“概念”。可见，“概念的澄清”工作不是一两个真哲学家所能做得完的，是一份真哲学与假哲学长期较量的十分艰巨的工作。这项工作在现今中国尤为重要，需要中国哲学家和翻译家同时协调一致，才能取得一些效果。

三、老子知识渊博

从《道德经》中可知，老子知识的渊博是前无古人、后无来者的。那么，这不就与老子的主张“博者不知”相悖吗？这实在是一个“悖论”。但是老子并不为其所“悖”，把“悟道”和“说道”这两个范畴区分开来：

“闻道日损”与“为学日益”。悟道时是“知者不博，博者不知”，博者必须“日损”到“不知”。写道时则是要“为学日益”，“日益”到“言有君，事有宗”的“善为道者”。这就是说，在没有悟出道之前，即没有认识到自己天生的善心和自然智慧之前，去向外求学，“为学日益”，就会“闻道日损”，这样的渊博知识就是无用的，甚至是有害的邪门歪道。如果认识到了自身天生的善心和自然智慧，“自知明也”了，就具有判断力了，“为学日益”到知识越渊博越好。老子的知识渊博，就是“博”在“自知”、“知常”上，有利而无害。

老子是周王朝“守藏室之史”，即现今的国家图书馆馆长，全国能搜集到的书老子都能读到。老子的阳寿又长，至少活到九十多岁，七十多岁才写《道德经》。老子又是个能与社会各阶层接触的人，见闻极为广泛，与人学术交流极为频繁。老子又是一个具有巨大同情心的善良人，熟悉下层人甚至奴隶的心态：“百姓之心”和想法（“天下皆知”）。可见，老子不仅书本知识渊博，而且社会见闻和实践经验也十分丰富。所以，老子在悟道之后，就十分容易说道写道了，写出了千古难得的《道德经》来。这里把老子渊博知识的主要的重要的部分作一个分类。

（一）老子熟悉自己之前的所有正面的和反面的知识内容，使《道德经》具有传统性

在老子之前，从黄帝到周朝，中国的古代思想文化就很丰富，在哲学上有形而上学的观点，如天命论、神鬼论、八卦阴阳五行论、巫术等；在伦理学上，有仁、义、礼、乐知识；在政治学上，有君王、诸侯的礼制论和战争知识、刑法知识；在经济学上，有井田制；在科学上，有数学、物理、制造工艺、医学等；在文学上，有诗歌、问答体论文等，还有夏朝以后的文字历史记载，老子对这些知识都掌握了。所以，老子能很娴熟地运用和界定以前的“名”（概念）：“自今及古，其名不去，以顺众父。吾何以知众仪之然？以此。”老子又能信手拈来支持自己的观点和批判与自己观点不相符的古书的句子，如“故曰”、“有建言曰”等。

（二）熟悉“名学”——逻辑学，使《道德经》具有严密思维的逻辑性

老子是后来“名学”的创始人，《道德经》是“名学”的渊源。《道德经》思维严密，条分缕析，概念明确，判断准确，逻辑性强，既有演绎推理，又有归纳推理，还有类比推理。《道德经》里的章节顺序不可更改置换，用字用词不可改动，特别对范畴的划分和概念的使用，划分清晰，定义明确，前后一致，对每一个重要原理的推出，都符合现今形式逻辑的“三段式”。只是后来的注老解老家们不能理解老子，才将范畴和概念解说得混淆和含糊了。

（三）熟悉与自己所悟的“道”的不同的“道”，便于辩驳，使《道德经》具有批判性和反驳性

这一条已被包括在第一条中了，另作一条，是突出批判性和反驳性。

《道德经》对不同的“道”具有很强的批判性和反驳性，同时也具有被不同的“道”所批判和反驳的性质。

老子十分熟悉与他不同“道”的观点，如天命论、鬼神论、营与魄分离论、亲疏尊卑的等级论、仁义礼乐论、王道霸道论、诸侯分封论、大一统论、井田制经济论、战争论、蔑视生命论，等等。老子对这些违道背德的恶理，抓住要害，予以猛烈的抨击、批判、反驳、否定，旗帜鲜明地把它们称为“前识者，道之华也，而愚之首也”。指出它们的危害性，公开喊出“绝圣弃知”、“绝仁弃义”、“绝巧弃利”的口号，从而明确地树立起自己的观点，提出从根本解决问题的方法和方案。当然，老子的鲜明的强大的批判性和反驳性，定会招来“前识者”的继承者的猛烈反击和巧妙曲解，引发了老子之后的“百家争鸣”和历来的注老解老。

（四）洞悉历史的和现实的社会状况，确定话语对象，使《道德经》具有历史意义和现实意义

老子十分熟悉自黄帝以来的历史事实，也洞悉了周王朝分封诸侯的社会现实。这样，老子就能准确地总结和详述历史经验和教训，确定《道德经》在当时和将来的话语对象，引起社会变革和将来的社会走向。这就是一种哲学体系的现实价值和将来长期的历史的实用价值。《道德经》的话语对象是“天下人”和“士”，主要是下士和中士。“天下人”是一个永恒的主体，是第一话语对象；“士”是一个历史阶段的话语对象。在东周和春秋初期，出现了这样一些事实：大邦的上等诸侯（上士）发动兼并战争，中邦诸侯（中士）力图维持存在的存亡事业，小邦诸侯（下士）力图自保搞小邦寡民事业；三公、大夫和游闲文士所持的观点五花八门，礼崩乐坏，天下大乱。老子要推行他的“道”，根据当时的社会现实，最有可能理解和接受他的“道”是下士，其次是中士和大夫、游闲文士。老子对上士和周天子以及死抱“仁义”论和礼乐制度的文士不抱希望，而是给予抨击。《道德经》里所说的“侯王”主要是指下士和中士，所说的圣人、善人主要是指得道和具有善心的大夫和文士，是发起社会变革的带头人。老子把“天下人”或百姓当作社会主体，当作圣人和善人应该忠信和服务的对象，当作变革的主体力量或基本力量。老子要圣人和善人相信天下人或“百姓之心”是具有善心和自然智慧的，这样，《道德经》就具有现实价值和将来的实用价值。

正因为老子确定了这样的话语对象，所以后人注老解老，就误把《道德经》说成是“谏书”或“奏折”，说成是政治哲学书，以今人沈善增的评述最为典型：“《老子》是站在民本立场上的专门对侯王说的政治哲学书。”

（五）熟悉当时使用的古汉语言和表达方式，能准确地生动地表达“道”的内容

这一条见后文第九章的论述。

四、老子写《道德经》具有了善良、正义、勇敢、智慧的美德

老子写的“道”是前人所没有的：“前识者，道之华也。”这很容易被当权者斥为异端邪说。两千年后的钱穆就说“老子是阴谋家”。老子所悟出的“道”，是主张人人平等自由而反对亲疏尊卑礼制的，是不为当权者所理解和接受的：“而人莫之能知也，而莫之能行也。”很容易招来杀身之祸。执政的孔子就是以“巧言令色”的罪名杀

了少正卯。老子把悟出的“道”闷在心里，不说不写也就罢了，可是老子偏偏要说出来写出来，写了《道德经》。这是为什么呢?

其一，老子具有一颗善良的心，使自己有责任感和使命感。老子云：“夫慈，故能勇。”“前识者，道之华也，而愚之首也。”“人之迷，其日固久也。”“是以圣人去彼取此。”就是那颗慈善之心，使老子要批判“道之华”，要去掉“人之迷”，要“善言无瑕适”，要“复众人之过，能辅万物之自然”。其二，老子具有正义感。正义感是从善心中产生出来的。正义感就是要惩恶扬善，要行“天之道，损有余而补不足”。其三，老子具有勇敢精神。老子的勇敢也是从慈善之心产生出来的。“天将建之，女以慈垣之。”其四，老子具有侦察伪智慧的自然智慧。老子保持天生的善心和自然智慧，能悟出“道”来，又能侦察出伪智慧，并且又有把道说出来写出来的智慧。

老子的这些美德，为后来的许多善人继承，成为中华民族的传统美德。现今的中国文人实在应该向老子学习。

第九章

《道德经》的文学艺术和语言风格

《道德经》是中国古代最早的哲学论文，也是中国古代最早的有韵散文体文学作品，是楚辞、汉赋、骈文的模本，是中国文学艺术的渊源。从古至今，不管在中国还是在全世界，没有一个人能与老子的哲学智慧和文学水平相提并论。有老子一样高哲学智慧的却没有老子一样高的文学水平，有老子一样高的文学水平的却没有老子一样高的哲学智慧。老子有“两高”，所以遭人怀疑和妒忌。“五四”时期出现了梁启超、钱穆、冯友兰等新儒生的奇怪逻辑推理：“《道德经》是散文体，《论语》是问答体，散文体不可能在问答之前，所以《道德经》是西汉人的作品，在孔子之前没有老子这个人。孔子才是百家始祖。”如此荒谬的逻辑推理当然经不住胡适、张煦、夏曾佑等人的反驳，反而使梁启超等人“尔曹身与名俱裂”，遭人讥笑为无知低能。长沙马王堆墓帛书甲本、乙本和荆门郭店楚简的出土，用事实证明了梁启超、钱穆、冯友兰的推理是荒唐的。

第一节

中国最古老的文艺理论："诗有六义"说

《毛诗序》云："诗有六义：一曰风，二曰赋，三曰比，四曰兴，五曰雅，六曰颂。"

一、风

《诗·周南·关雎序》："一曰风。上以风化下，下以风刺上。""主文而谲谏。""言之者无罪，闻之者足戒，故曰风。"郑玄笺："风化风刺，皆谓譬喻不斥言也。"《释文》："风，刺同。"

这意思是说，"风"是一种伦理政治论文，强调言论自由，语言风格是：不要粗鲁诽谤，要委婉温和；表达手法是：用比喻描述，生动爱听，通俗易懂。

二、赋

《诗·周南·关雎序》："二曰赋。"疏："赋之言，铺直铺陈，今之政教善恶。"班固《西都赋》："赋者，古诗之流也。"

这意思是说：赋是一种诗体——赋体诗，表达手法是叙述、陈述，是现实主义手法。

三、比和兴

郑司农云："比者，比方于物，诸言'如'者，皆比词也。比之与兴，同附托外物，比显而兴隐。"《诗诂》："兴者，感物而发。如，仓庚于飞，熠燿其羽，昔我往矣。""杨柳依依"之类，《释言》："兴，起也。"

这意思是说，比和兴都是表达方式（表现手法），都是触景生情，寓情于景。比与兴不同的是，比则重在打比方（比喻），喻体和本体明朗清晰；兴则重在寓情于景，景物明朗，本意隐晦，兴起全文，让人联想。比和兴都是浪漫主义手法。

四、雅

《诗·小雅》："以雅以南。"郑云笺："雅，万舞也。周乐，尚武，故谓万舞为雅。"注："雅，正也。言今之正者以为后世法。"

这意思是说，以南面而坐为正，乐以周乐为雅正，言以后世可以效法的正面观点为雅正。对于诗歌文章来说，雅正就是正面的中心思想或主题思想，雅是正面观点的思想内容，不是表现手法。

五、颂

正韵："颂，称述也。"《释名》："称颂成功谓之颂。又颂，容也。叙说其成功之形容也"。《礼·少仪》："为人臣下者，有谏而无讪，有亡而无疾，颂而无谄。""颂，谓将顺其美。"《韵令》徐曰："此容仪字。歌颂者，美盛德之形容，故通作颂。后人因而乱之，以此为歌颂字。"

这意思是说，颂是一种叙述和形容（描绘）仪表美和功德美的作品，所写内容要自然真实（"顺其美"），不能虚构夸张（"颂而无谄"），所用的词语是褒义的、赞美的。颂是一种现实主义手法。

"诗有六义"的论述并没有对文学艺术作出明确划分，论述也不大清楚。直到后来曹丕的《典论》和刘勰的《文心雕龙》才有了明确的划分和论述，但与今天的文学艺术的划分有很大不同。本章运用"诗有六义"和现代文艺分类以及语法、修辞规则，来论述《道德法》的文学艺术和语言风格。

第二节

《道德经》的体裁

一、界定《道德经》的文学体裁

按“诗有六义”的理论来说，《道德经》是长赋。运用的艺术手法是“六义”俱全。它对反面观点的批判是“风”，对正面观点的陈述是“赋”，对大道的描绘和形容是“比”和“兴”，正面观点鲜明是“雅”正，对大道、人心的颂扬是“颂”。

按现今文艺体裁理论，《道德经》是长篇哲理散文诗。《道德经》是论述哲学理论“道”和“德”，具有“哲理”，有别于叙事和抒情的长诗。《道德经》讲究有韵、对仗、长短句式，把叙述、描绘（“比”和“兴”）糅为一体，具有诗歌艺术特征，有别于一般的政论文和学术论文。所以，《道德经》是长篇哲理散文诗。

二、《道德经》的体裁是中国文学艺术体裁的渊源

在《道德经》之前，中国只有短小诗歌，没有长篇赋体，在《道德经》之后，才有屈原的《离骚》等楚辞那

样的抒情兼说理的长赋。很显然，楚人屈原从楚人老子的《道德经》体裁得到了启发，把论述哲理改造为以抒情为主、说理为辅的赋体，可以断定：楚辞源于《道德经》。汉赋则是学习楚辞而来的，六朝骈文是学习汉赋而来的，唐诗中的长诗和宋词中的长词都是学习骈文体裁而来的。从这条文学体裁脉络来看，诗词、歌、赋虽然有了分化，但散文诗——赋的基本体裁特征没有变，其源头是《道德经》，至于后来的策论和政论文体则更是源于《道德经》。

第三节

《道德经》的艺术手法是现实主义和浪漫主义渊源

虽然古诗歌里分别出现了“六义”手法，但没有一首诗是集中了“六义”的。如上节所述，只有《道德经》才集中综合地运用了“六义”，运用得十分灵活而又得体，并且进行了创造和发展，将现实主义和浪漫主义结合起来。

一、《道德经》里的“风”

“风”是《道德经》里的一个主要艺术手法，老子把“风”的运用推向一个高峰，并且把以前诗歌里的“风”的“上以风化下”筛掉，使“风”所附着的本体更清晰了，使“风”更自由地运用了。

首先，老子要求执政圣人“以百姓心为心”，“行不言之教”。执政者没有权利教化国民，言论权在国民手里，“上以风化下”是不正确的。这里说的是“风”的本体“思想言论自由”，思想言论自由是“风”的本体，“风”是思想言论自由的艺术形式。只有思想言论自由，“风”的手法才能得到自由运用。如果“上以风化下”，那么“上”就会只凭自己的主观意志来给国民“洗脑”，“上之言”就是“金口玉言”，不可反驳。所谓“下以风刺上”就是假的，真的“刺”了“上”，就犯了“逆上”“刺君”大罪，国家就成了“一言堂”了。

其次，老子大胆自由地使用“风”的手法，劝说、反驳、批判、讽刺恶理、恶政、恶习。如“侯王若能守之，万物将自宾”，“侯王得一而以为天下正”等句是劝说。“绝圣弃知”，“绝仁弃义”，“绝巧弃利”，“绝学无忧”等句是批判。“若何万乘之王而以身巠于天下”是讽刺。“五色使人目盲”是反讽。“民之饥也，以其取食税之多”，是反驳。

从老子对“风”的论述和运用，我们可以这样来理解，“风”是反驳手法，讲究幽默讽刺和辩驳。俗云：“理越辩越明。”辩驳道理是民的事，用不着权贵来评判：“公道自在人心”。辩驳道理，双方必须处于平等自由状态，用不着以权乱言：思想言论自由是天赋权利。所以，思想言论自由权利是“风”之体、之本，“风”是思想言论自由权利之用、之末。老子之所以能很好地运用“风”的手法，是因为他的思想言论是自由的，他没有“忌讳”。“夫天多忌讳而民弥贫”，这个“贫”不仅“贫”在经济上，而且“贫”在思想言论上，是“哲学的贫困”。

二、《道德经》里的“赋”

“赋”是《道德经》的主要艺术手法，所有以陈述语气说理的句子都是“赋”，如第一章开头：“道，可道也，非恒道也。”这些陈述句子占《道德经》的一半以上，所以《道德经》是赋体。老子以“赋”的手法为主，以后的论文就都以“赋”的手法为主了。

三、《道德经》里的“比”和“兴”

《道德经》里凡难于平铺陈述的或需要表达得生动有趣的思想内容，都采用“比”和“兴”的手法。如第六章写大道“谷神”。“谷神”是感觉不到的很难理解的思想内容，老子就用“比”和“兴”的手法来描述和形容，以“玄牝”比喻“谷神”，以“玄牝之门”比喻“天地之根”。牝是人们经常看到的母牛，人们能感觉到母牛的生殖能力。这样一比兴，就生动有趣了，便于想象理解了。如第八章写大道“上善”。“上善”也是人们感觉不到的难以理解的思想内容，老子就运用“比兴”手法，用“水”来做象征：“上善治水”。水是人们熟悉的东西，这样一比兴，就好理解了。如第十四章写大道“一”。这里的“一”不是人们日常生活中数数时的那个“一”，而是造物大道“一”，这就难以理解了。老子就用“比兴”

手法，对“一”的“望忽”（混沌）状态进行描绘，使“一”生动起来，仿佛能看得见，把人带入“一”的境界中去，去领悟大道“一”的境界。

四、《道德经》里的“雅”

《道德经》里，在亮出正面观点时，观点鲜明，毫不隐晦，就是“雅”的手法。如“道，可道也，非恒道也。”“不上贤”，“不见可欲”，等等。雅正不乱，毫不含糊。

五、《道德经》里的“颂”

《道德经》里不仅有“风”的手法，也有“颂”的手法，被“颂”的是正面观点，如“恒道”、“谷神”、“上善”、“一”、“朴”、“玄德”、“上德”等，“颂”时都是“顺其美”也。所以，《道德经》不是暴露文学，不是历史悲观主义、虚无主义、倒退主义，而是对道、德、自然万物、人的善心和自然智慧的赞美和歌颂，怀着善良终会战胜邪恶的理念和“善回向”到“小邦寡民”的美好理想，对人类发展前途充满信心和乐观主义，激起善人和百姓对不平等的专制社会和恶理恶习的不满情绪，启发善人和百姓的推动和实现理想社会的奋斗精神和历史乐观主义。《道德经》在赞美和歌颂中有暴露和批判。当然，老子的“颂”与后来儒生文人的“颂”在对象和内容上是决然不同的。儒生的“颂”，是颂扬帝王专制、功名和坚持“三纲”、“五常”彻底的圣人，而这些恰恰是老子所要绝弃的圣、知、仁、义、巧、利。

六、《道德经》里的“六义”艺术手法是文学创作的现实主主义和浪漫主义的渊源

现今的文艺理论，把文艺创作、艺术手法概括为现实主义和浪漫主义。现实主义和浪漫主义不是今人发明创造的，而是有其渊源的。现今的所谓现实主义手法是以写真写实——真实地反映自然景物和社会生活为主要特征的。所谓浪漫主义是以想象、夸张、虚构为主要特征的。如果用这两种手法去概括和评判《道德经》所使用的“六义”手法，就会概而不全，也无法找到浪漫主义手法。《道德经》里所形容、比喻描绘的道体虽然是人所不能感知的，却也是真实的存在，是实体，是“存在之存在”，并非是老子想象、夸张和虚构出来的。同时，他对道体的形容、比喻、描绘又不属于现今的现实主义范围之内。本节说《道德经》里的“六义”手法是现实主义和浪漫主义的渊源，是勉强依据现今被文艺界所接受和熟悉的现实主义和

浪漫主义这两个概念来论述的，目的是通俗易懂。

（一）《道德经》里的现实主义手法

依据所谓现实主义手法的主要特征，《道德经》里的“风”、“赋”、“雅”、“颂”都是现实主义手法。这种手法被后来的楚辞继承下来，传给了汉赋、骈文。到了唐诗，以杜甫的诗为主，将其推向一个高峰，又被宋词、元曲、戏剧继承下来，乃至明清小说，一脉相承至今。当然，有些现实主义作家并没有意识到这个渊源，只是从近处借用。

（二）《道德经》里的浪漫主义手法

依据所谓浪漫主义手法的主要特征，在现今文艺理论字眼里，《道德经》里的“比”“兴”以及部分句章里的“风”“颂”手法，是浪漫主义手法。这种手法被《楚辞》继承下来，推向一个高峰，后来传给汉赋、骈文、唐诗，在以李白为主的诗歌里推向一个高峰，一脉相传到宋词、元曲、戏剧乃至《西游记》一类的小说。

《红楼梦》是现实主义和浪漫主义的集大成者。这与作者曹雪芹所悟出的“道”有关。曹雪芹所悟的“道”与阮籍“同道”，归到渊源上是与老子“同道”。曹雪芹自号梦阮，是崇敬阮籍的。阮籍是自老子、庄子之后又一个著名的道家人物，是老、庄哲学的传承者，是儒家思想的障碍。阮籍讽刺孔子和儒生们是“裤裆里的虱子”。所以，《红楼梦》的主题思想是高屋建瓴，从形而上学的道体的高度来向下确定主题思想，是老、庄、阮哲学理论的艺术显现，是批儒的。不熟悉老、庄、阮哲学理论的红学家，怎能抓住《红楼梦》的主题思想呢？又怎能正确详述《红楼梦》的艺术手法呢？

第四节

《道德经》是中国最早的主题思想集中明确、结构宏伟严密的文学作品

中国长篇文学作品自《道德经》始，在此之前只有短诗，即使偶有记事长篇，也是主题思想不集中，结构松散，只有《道德经》才主题思想集中明确，结构宏伟严密。

一、《道德经》里的主题思想集中而明确

《道德经》里的主题思想集中而明确，只有两个字："道"、"德"。五千余字的长文如果用现代汉语来展开，就有几十万字，却都围绕"道"和"德"两字展开和收拢。换一句话说，"道"和"德"两个字贯穿全篇。正如老子自己所说："言有君，事有宗。""道"和"德"就是《道德经》里的"君"和"宗"。全篇没有一章甚至没有一句不言"道"和"德"，并无败枝枯叶。现分析如下。

《道经》第一章论述本体恒道，是全篇总纲；从第一章到第五章，展开论述本体恒道的基本性质和基本概

念，又顺手拈来，演绎出伦理学、政治学的基本原理，为《德经》的依据；接着，从恒道之下分出大道三个："谷神"、"上善"，"一"，分别进行论述；第六章第七章论述大道"谷神"；第八章到第十三章论述大道"上善"；第十四章到第二十章论述大道"一"；第二十一章到第三十一章论述大道的德化运动——造物运动；第三十二章到第三十七章论述大道德化出的天地万物有一个共同的性质"朴"。这个"朴"是大道赋予给天地万物和人的，具有三个大道："谷神"、"上善"、"一"的道性——灵魂不朽，本性善良，营魄抱一。

《德经》的主题思想是依据《道经》的"道"而定的"德"，论述"孔德之高，唯是从"。《德经》比《道经》好懂，此处不作分析。

可以说，《道德经》是中国最早的主题思想集中、突出、鲜明、准确的长篇文学作品，是中国后来的文学作品确立主题思想的楷模和渊源。

长篇文学作品的最大忌讳是主题思想不集中而松散，东一句，西一句，最后观点相矛盾，不能自圆其说，这就表现了作者认识不清，思想混乱。譬如，仅后于《道德经》的《论语》，就是主题思想不集中而散乱的典型。孔子说自己的思想"一以贯之"，曾子理解为"忠恕"二字。可是，孔子在这个地方说："仁者，人也。""仁者，爱人。"在另一个地方又说："未有小人而仁者也"，"唯上智与下愚不移"，"唯女子与小人难养也"。那么，"爱人"的"人"就不包括"小人"、"下愚"、"女子"了，难道"小人"、"下愚"、"女子"就不是"人"吗？如此自相矛盾，不能自圆其说的句子在《论语》里俯拾即是。又譬如《孟子》，孟子一边说"民为贵"，另一边又说"劳心者治人，劳力者治于人"。这"民"包括不包括"劳力者"呢？"劳力者"贵不贵呢？如果两者都"贵"，那么就不能让谁去治谁，国家的治理主权应该在全体公民手里。因此，可以得出结论：《论语》、《孟子》里的主题思想是不集中的、不明确的，孔子、孟子的思想是混乱的，或者是心口不一的，有什么见不得天日的话不能明说。

二、《道德经》里的结构宏伟而严密

结构宏伟而严密，在短诗中体现不出来，只能在长篇中体现出来。五千余言的古文《道德经》是巨著了，要想结构严密，作者必定胸有丘壑，精于构思。《道德经》不仅如上文所述思想内容上下贯通，而且在结构上以"道"和"德"为线索，全文紧连在一起，缝接严密，一气呵成。《道经》以“道”为线索，贯穿恒道、大道（“谷神”、“上善”、“一”），总与分合理，有条不紊，形成一个有机框架。《道经》里又埋下了《德经》的伏线——伏笔“德”，与《德经》相串连。《德经》开篇（第三十八章）结尾“道之华”和紧接的第三十九章的“一”都没忘记与《道经》衔接，使《道经》的伏线头在《德经》开头时找到了接线头，紧紧结在一处。《德经》则以“德”为线索，把“玄德”、“上德”、“下德”三部分内容串在一起。《德经》的末章在内容上既是总结《德经》，又是呼应《道经》。“天道无亲”与第五章“天地不仁”既在思想上相呼应，又在结构上相连接，使《道经》与《德经》成了一个最美满圆满的圆体结构。如果按王弼本把“信言不美”章（帛书第六十七章）作为最后一章（第八十一章），那就不仅在内容上显得还有话没说完，而且在结构上就表现不出圆满的圆体结构美的艺术效果了。

《道德经》这种宏伟又严密的结构，不仅后来的问答体《论语》无法可比，就是后来的散文体论文《盐铁论》、《原道论》、《封建论》也无法相比。

《道德经》首创了“线索”结构，就被屈原继承了，屈原的《离骚》就以“离骚”为线索贯穿全文。这种“线索”结构在后来的明清长篇小说被运用得最为突出，不管作家知不知道，有意还是无意，其渊源就在《道德经》。

第五节

《道德经》的语言风格——诗的语言

《道德经》的语言风格是中国文学中的诗词般的语言，主要表现在字音、字义、字形的使用，用词精确，讲究押韵，注重长短句的语气抑扬顿挫。

一、使用字的本义和楚地字形

（一）使用字的本义

《道德经》里所有的实词，特别是概念（名）都使用字的本义。例如："可道"、"可欲"是两个重要概念，"可"字使用的是本义。《说文解字》曰："可，肎也，从口丂，丂亦声。""丂，气欲舒出丂，上碍于一也。""肎，肎，骨间肉。肎，箸也。从肉从冎省。一曰骨无肉也。苦等切"。后来"肎"写作"肯"，肯定。由此可知，"可"的本义是：口中进出之气碍于气道中的"一"块骨肉。这样就有两义：1."可"止于"一"，"一"为百数之母，是"大"。"可道"是母道，大道。2."可"碍于"一"，进出气不畅通，气未满足，有"知不足"之感。故《论语》曰："可也，简。"《郑注》："可，仅可，未满足之辞也。"《传》："简，大也。""可欲"是未能满足的欲望，大欲。"肯定"的"肯"，是借"肎"形变义而来，而与"否"相对，并非"可"字本义。所以，"可道"、"可欲"的"可"不能望文生义解为现代汉语的"肯"、"可以"、"能"，从而把"可道"、"可欲"拆开，不成为概念了。又如"始"和"母"，《说文解字》曰："始，女之初也。从女，台声。""始"的本义是处女。"母"的本义是怀孕而用乳汁养育儿子的妇女。"万物之始"的"始"与"万物之母"的"母"相对应，"始"是"母"之初，处女是母亲的本体，所以不可直接把"始"解为现代汉语的"起始"，"开始"的引申义"始"，使"母"失去本体或对应词。

（二）使用楚地字形

在老子时代，中国的文字没有统一，各诸侯国字形不大相同，老子使用的是楚国文字的字形。在秦统一后，文字被统一使用了，楚国文字的字形有些没有被使用，却被保存在《道德经》里。帛书甲本的文字有些是先秦楚国的，《说文解字》没有收集进来，所以字形有很大差异。但联系上下文，那从不同字形的字义和字音中可以被揣测出来。例如，"聲人"与"聖人

（圣人）”，“兹”与“慈”，“忽”与“恍忽”。还有“滭”字在后来不使用了，各种字典都找不到。还有“雞”与“離”可以互用，都是“鸡叫”的意思。但字形的差别并不妨碍对字义、词义的理解，不是大障碍，只要不改成别的字义完全不同的字就行了。

二、用词精确，一字不易

从帛书甲本和楚简可见，老子的语言功底很深厚，用字用词十分精确，一字不易，易了就离了原义，甚至与原义相反。例如，“有欲也”，其他版本没有“也”字，现在就有人把“有欲”这个概念断开为“有，欲”，使“欲”成为“将”的意思了，这就与原义相反。“也”不是严灵峰所说的“衍文”，而是必不可少的断句助词。有的版本把“以观其眇”的“眇”改为“妙”，把“以观其所嗷”的“嗷”改为“缴”、“徼”，完全改变了字义。本来“始”与“眇”，“母”与“嗷”相呼应，改变后，“始”与“妙”，“母”与“徼”没有呼应了。《说文解字》曰：“眇，一目小也，从目从少，少亦声。”此句表示的是少女以目传情，与性爱生子有关。“妙”是美妙，没有性爱生子的关联。《说文解字》：“嗷，吼也，从口敫声，一曰嗷，呼也。”“嗷”是孕妇分娩时发出的母亲和婴儿的叫喊声，与生殖有关。“徼”，界限，与生殖无关，与“母”不能呼应。其他版本有许多擅自改动字的现象，将原义弄反而不可理解。

三、讲究押韵，押的是楚音韵

《道德经》里多数句子是有韵的，押的是楚音韵，与秦以后的音韵不同，与唐诗韵更有差别。现在读者读起来就不押韵了。这里介绍楚韵一二。

（一）“mr”和“nr“的“r”韵

“mr”、“nr”的“r”是楚音常用的韵脚，普通话里没有相应的韵母。例如，第一章韵脚是“mr”、“nr”，押韵字有：道（tmr）、名（bmr），始（sr），母（menr），眇（penr），嗷（jemr），胃（unr），门（menr）。

（二）“è n”音韵

“è n”音是事物的小字号称呼，将许多事物不同音韵的名字变音为相同的音韵“è n”。

字例：

牛（nóng）——小牛（nèng）

猪（jù）——小猪（jèng）

鱼（yú）——小鱼（üèng）

鸡（jī）——小鸡（jèng）

盆（péng）——小盆（pèng）

桶（tóng）——小桶（dèng）

柜（qú ）——小柜（ üèn）

门（mén）——小门（mèn）

（三）将第一声变调变韵为第四声押韵

1.凡姓氏第一声的音都能变调变韵为第四声押韵。

字例：

老张（zhāng）——小张（zhàng）

老汪（chōng）——小汪（chòng）

老钟（zhōng）——小钟（zhòng）

老方（fāng）——小方（fàng）

2.第一声的实词都能变调为第四声押韵。

字例：

懵——mèn 冲——chèn 痛——dèn 哄——hèn

撑——chèn 弄——qèng

澜——jòng 劲——jèn

如果只从唐韵或齐鲁音韵去研究，就无法吟诵《道德经》和楚辞的韵。这里所述的楚音韵一、二，供有兴趣研究古音韵的人作参考。

四、讲究对仗——对偶句

《道德经》里很讲究对仗，有许多对偶句，有对仗很严谨的对联。对偶句子俯拾皆是。

五、长短句子排列有致，使语气抑扬顿挫

《道德经》里长短句式排列有序，吟诵起来朗朗上口，节奏抑扬顿挫。每一章是一首词、一首古诗，全篇是一篇长赋、一篇长骈文，可谓千古绝唱。

从以上所述，可得出结论：《道德经》是中国文学艺术的渊源。

第十章 老子的教育学理论是中国教育学的渊源

前几章论述了老子体系的形而上学、伦理学、政治学、科学、美学、文学等理论知识后，最后来论述老子体系的教育学，就知道老子的教育观点和教育内容了。

在中国教育史上，老子是第一个有完整的教育理论体系的人，老子的教育理论是中国教育学的渊源。儒家企图把老子排挤出中国教育史，说老子反对读书学习，主张“使民无知无欲”，目的是要把孔子捧为中国教育的创始人，把孔子教育思想说成是中国教育学的渊源。不错，孔子在教育实践方面，特别是创办私立学校方面做出了巨大贡献。但是，孔子并非第一个创立私立学校者，早于孔子的有道家创立的稷下道家学校，与孔子同时的有鲁国的少正卯，稍晚于孔子的有墨子。至于在教育理论方面，孔子的教育思想是不健全的。他的教学目的是培养“克己复礼”和为辅佐专制君主服务的君子。他的教学核心内容是“三纲五常”，具体教材是《诗》、《礼》、《书》、《乐》、《易》、《春秋》“六经”。这种教学目的和教学内容与老子的截然相反。

现代教育学的主要部分有：教育纲要（方针），教育权利，教育体制，教育目的，受教育的对象（学生），施教者（教师），教育内容（教材），教育方法（教学方法），教育设施（学校），等等。老子对教育学的这些主要部分都作了纲领性论述。

第一节

老子从形而上学、伦理学的高度来论述教育原理

老子的教育基本原理，像社会学其他基本原理一样，有很高的理论做大前提。老子认为，大道“上善”赋予了天地、万物和人以善性，人人天生都具有善心和自然智慧，只要个体的人“自知”和保持就行了，用不着谁来教育谁，不需要什么专门的教育机构。人之所以要受教育，不在于人的天性，而在于人的天资有别造成人具有不同的社会性。人的不同的社会性表现在两方面。

其一，生活和劳动的不同经验知识需要交流和传教。

人或人群所生存的自然环境不同——地缘原因和年龄有大小，使人的天资的发挥有差异和有先后，取得了生活和劳动的不同的经验知识。这些生活和劳动的不同经验知识需要交流和传教。例如，生活在水边的就获得捕鱼和造船知识，生活在大山的就有狩猎和摘果子的知识，生活在温带的就有栽种水稻的知识，生活在寒带的就有栽种小麦的知识，等等，这些不同的经验知识就需要互相交流和传教，使人的经验知识丰富起来，扩大生存领域。又例如，

年纪大的人比年纪小的获得的生活和劳动经验知识丰富，儿童则完全没有，这就需要大人和教师传教，儿童不需通过直接实践就获得了这些间接经验知识，就增强了生存能力，减少生存危机。这说明，人人需要受教育，这种教育是科技知识教育，有利而无害。故曰："自今及古，其名不去，以顺众父。吾何以知众仪之然？以此。"

其二，要涤除人性上的蒙垢，需要善知识的教育。

人的天生自然智慧具有"自忕"能力——主动自由发挥能力。人的天资不同，自然智慧的发挥也就有差别。有的人得到较好发挥，能保持善心，产生善知识。故曰："自知者，明也。""知常，明也。"有的人"忕而欲作"，将"有欲"膨胀为"可欲"，就给善心蒙上污垢，产生恶知识。故曰："不知常，妄；妄作，凶。"知识是能交流和传教的，善知识和恶知识的交流和传教就产生了两种不同的教育。恶知识（伪智慧）是能迷惑人和愚弄人的，故曰："前识者，道之华也，而愚之首也。""人之迷，其日固久矣。"善知识是能使不善人"复归于朴"的，即苏格拉底所说的"善即知"，"知即德"。故曰："不善之人，何弃之有？""圣人恒善怵人。"这两种教育产生的结果是："美言可以市，尊行可以贺人。"老子的教育主张是用"道"和"德"即用善知来涤除蒙在人的善心和自然知识上的污垢，使不善人“复归于朴”。故曰：“道者，万物之注也；善人之葆也，不善人之所葆也。”“故，善人，善人之师；不善人，善人之资也。”

综上所述，老子主张教育是看到了人人接受教育的必要性和针对“前识者，道之华也，而愚之首也”，“人之迷，其日固久矣”。老子的教育原理是从形而上学的“上善论”和伦理学的“善恶论”的高度提出的。老子的教育主张是以“天之道，利而不害；人之道，为而弗争”为理论前提的。老子认为，人的天性无需教育，人的天资发挥和后天性需要教育。老子反对恶知识的教育，主张善知识的教育。

第二节

教育主权和教育体制

在政治学中已论述，国家的主权在民不在王，同理，教育主权在民不在王。“民自化”，“民自正”，“民自朴”，“百姓之心”的“天下皆知”，不分贫富、贵贱、男女，人人享有接受教育的平等自由权利，办什么样的教育，怎样办教育，制定什么样的教育法，实行什么样的教育体制，赋予执政者哪些教育权力，等等。国民不但“皆知”这些，还懂得如何实行这些，会选举出教育法的立法机构和执行机构。教育权必须独立于行政权，执政者只能依教育法赋予的一些权力，实行义务教育，下拨教育经费。对教育本身，执政者只能“行不言之教”，即不能僭越教育权，不能依据自己的主观意志，对教育下达强制性的行政命令，不能对国民实行“洗脑”教育。否则，就会“伐大匠斫者，则希不伤其手矣”。

建立什么样的教育体制呢？老子云：“朴，散则为器；圣人，用则为官长。夫大制，无割。”这是任何体制都应该具备的性质和结构特征。体制的性质是善朴，以善朴思想分散到各部分，懂得和使用这个原理的人才能成为体制结构的核心官长。从官长到各个部门组成的大体制必须是一个不可分割的有机整体。教育体制也应该具有这个性质和结构特征，所以选出的教育官长是善良的和懂教育的，所建立的教育体制是完整的，是一个有机系统，不可分割为块块。现今中国教育的所谓“条条块块”的分割体制，使教育部门受到双重领导的干扰，并且“块块”的行政权力的干扰大于“条条”的管理权，这是不合善朴的性质，也不符合“大制无割”的自然物原理。老子所说的是体制的一个大原理，至于建立什么样的教育机构，这要依据实际情况而来设计。

第三节

教育纲要（方针）

老子云：“圣人恒善怵人，而无弃人，物无弃财，是谓愧明。故，善人，善人之师；不善人，善人之齎也。不贵其师，不爱其资，唯知乎大眯。是谓眇要。”（二十七章）

这段文字是教育纲要，论述了教育的性质、教育目的、教师、学生等教育的基本原理。

教育的性质和指导思想。教育的性质是善性教育；指导思想是长期地用善性来化解怨恨情绪，对人没有不当人看待的，对物没有不当财物看待的，这叫传播善的光明。

教育目的：是用善道来“怵人”，让不善人成为善人，让人与人没有怨恨，和睦相处，让社会和国家成为善品质的社会和国家，恢复人天生的善心和自然智慧。

教师和学生。教师是有渊博经验知识的善人，是教育人成为善人的老师。学生是没有经验知识的人和不善人，是善人教育的对象。如果说学生不尊重（尊敬）老师，老师不爱护学生，只去学经验知识和教经验知识，那就会让像杂草一样不纯朴的伪知识进来，而失去善知识（“唯知乎大眯”）。这就是说，教师本人是善良的，所传播的是善知识；学生是没有善恶观念和善心被蒙垢而不善良的人，应该学到善知识。如果教师只管教知识，学生只管学知识，那么教师就不是爱护学生，学生不是尊重老师，师生都成了知识的奴隶，那知识就不是善知识，而是像杂草一样的伪知识。

第四节

教育内容（教材）和教育方法（教学方法）

教育的内容是传播善知识和批判恶知识，第三章至第九章所述的所有善知识都要传播，所有恶知识都要批判。

教育方法，包括教学方法。最根本的教育方法是教师要以善心平等地爱护学生，不能偏爱学生或抛弃差生。故曰："而无弃人，物无弃财。""不善人，何弃之有？""善者善之，不善者亦善之，德善。信者信之，不信者亦信之，德信。"教师必须具有"德善"和"德信"。教学方法，老子在第二十七章讲了"五善"："善行者无辙迹"是身教；"善言者无瑕适"是言教；"善教者不用梼筞"是心算神传，让学生心领神会；"善闭者无闵籥而不可启也"是启发和理解，而不是灌输知识；"善结者无缨约而不可解也"是自愿接受，而不是强制洗脑。这"五善"法是整体的教法，其中后三种强调的是启发教法，反对强制性的洗脑法和灌输法。

所以说老子的教育理论是善性的、完整的，并且对现今中国教育改革具有现实的基本的使用价值。

上部结束语

第十一章

第一节

“还吾老子”

沈善增先生在呐喊：“还吾老子！”这是中国古代思想文化复兴的一个哲学革命口号。胡适所称颂的两千年前的“革命家的老子”，在沈善增先生这里仍然是现代的“革命家的老子”。

为什么呢?

19世纪中后期——清道光时期，清朝封建专制政权对内来说十分腐败，而国人对之无可奈何对外来说却是不堪一击，几千人的英国军队在很短时间能打退几万人的清军。在面临亡国亡种的危急时刻，当时的有识之士痛心疾首，奋起寻找救国救亡之道，出国留洋求学求道。学来什么，求来什么呢?答曰：学来了制造坚艇利炮，却在“甲午战争”中仍不堪一击；学来了经济改革，搞起洋务运动，有了个“同治中兴”，使官吏富起来，仍是民贫国弱；学来了用君主立宪思想来改造儒家思想，搞了“戊戌变法”，谁知康有为的“杂牌儒学”经不起徐桐的“真牌儒学”的击溃从而失败；学来了林肯的“民治、民有、民享”的三民主义与孟子的“民为贵”相结合，改为具有中国特色的“民族、民权、民生”的三民主义，虽然激起了汉人的民族主义，推翻了满人的清政府，却被袁世凯的正统儒家民族主义所取替，引起了军阀混战，后来虽然北伐战争胜利了，党国独裁专制仍然不死。可见，学来和求来的外道与中国的儒家思想相结合的所谓新思想都救不了中国，不管是康有为所改造的新儒学，还是孙中山所继承的孟子的“民为贵”的“三民主义”都不管用。

是为什么呢？基本原因就在于深层次的思想文化。

自从朱洪武在实践上“独尊宋儒理学”和创建“八股文”科考制度以来，儒家的“三纲五常”深深地扎根在中国文人心中，所有儒生都被“六经注我”“注”得迂腐愚昧而顽固不化了。所谓中国文人，其实都是儒生。那些出国留洋求学求道的有识之士，早已胸怀儒学的“三纲五常”这个“真理”了。虽然他们也喊过“打倒孔家店”，但那蒙在天生善心和自然智慧的儒学污垢是几句革命口号就能涤除的吗？儒学能够不起指导思想作用的吗？深怀“三纲五常”的有识之士出洋求学求道能学到、求到什么呢？当然只能学到与“三纲五常”一拍即合或融会贯通的西方思想文化垃圾，因为西方也有类似中国儒学的“三纲五常”的思想文化。例如，培根的“科学方法”和“知识就是力量”的理论（“学而优则仕”，“劳心者治人”），马基雅维利和霍布斯的君主论，休谟的印象经验论（“学而时习之”），斯宾塞的社会进化论和柏格森的生命冲力论（法先王和法后王），康德的先验论（“生而知之”），黑格尔的对立统一的辩证法论（上智与下愚不移的仁义论），费尔巴哈的唯物无神论（“敬鬼神而远之”），叔本华的唯意志论（“畏大人言”），尼采的超人意志论（“皇权神授”、“天命论”），海德格尔的“无此人论”（率土之民莫非王臣），韦伯的“领袖一民主”和英雄式的悲观主义论（忠君，忠义英雄），等等。

对这种中外思想文化的融合，中国友人的英国学者李约瑟的评述一语中的：“现代中国的知识分子所以会共同接受共产主义的思想，其中一个很重要的因素是因为新儒学家（二程、朱熹）和辩证唯物主义在思想上是密切的关系的……它本身是唯物主义的……一种有机的自然主义。辩证唯物主义渊源于中国，由耶稣会士介绍到欧洲，经过马克思主义者们的科学化后，又回到了中国。”越南共产党领袖武元甲元帅坦率地承认：“我之所以信仰了马克思主义，走上了革命道路，是因为早年所接受的儒家思想的教育。”连休谟也认识到：“孔子的信徒，是天地间最传达自然主义的信徒。”年轻时的郭沫若有点灵感，写了一篇小品文《马克思进孔庙》，说马克思是孔子的学生。贺麟在《儒家思想的新开展》中说："如果中华民族不能以儒家思想或民族精神为主体去儒化或华化西洋化，则中国将失掉文化上的自主权，而陷于文化上的殖民地。""儒家思想的新发展，在于融会吸收西洋文化的精华与长处。""德国哲学在由康德到黑格尔这个灿烂时期中，最根本，最主要的哲学概念只有两个。一为康德所谓先天，一为黑格尔所谓太极。中国哲学史自周程张邵到朱熹这个伟大的时期中，最根本，最主要的哲学概念也只有两个，一为周子的太极，一为邵子的先天，而朱子寓先天概念于太极之中，实集大成。所以我们若是用先天二字以讲康德，用太极二字以讲黑格尔，我们不唯可以以中译西，以西译中，互相比较，而增了解，而且使西洋哲学中国化，以收融会贯通之效，亦不无小补。"他还写了《朱熹与黑格尔太极说之比较》。贺麟先生言中了，宋儒学说与辩证论是融会贯通的；他又言错了，宋儒学说与辩证论融会贯通后用来治国。

如果孔子英灵有知，得知他的门徒去留洋学外道，学来的是他的洋化了的儒学，却把文圣、至圣的祖师爷的名字抛在一边，定会发火："是可忍也，孰不可忍！""非吾徒也，小子鸣鼓而攻之！"原来学来求来的是"异名同谓"的一丘之貉，只是贴上了几个洋商标。中国文人头上本来就压着一座又旧又结实的宋儒思想文化垃圾大山，现在又在这垃圾山上一车皮一车皮地倒上洋思想文化垃圾，中国文人还能喘得过气吗？中国青年大学生的自然智慧之光还不被熄灭吗？

中国难道果真是儒术独尊的天下吗？不！对于儒术，中国古代思想家早就给予了批判和否定，如墨子、庄子、韩非子、阮籍、嵇康、李贽等。针对儒家自吹“六经为太阳，不学为长夜耳”，嵇康批判说：“《六经》以抑引为主，人性以从欲为欢。抑引则违其愿，从欲则得自然。然则自然之得，不由抑引之《六经》。全性之本，不须犯情之礼律。因知仁义务于礼伪，非养真之要求；廉让生于争夺，非自然之所出也！”（《难自然好学论》）针对儒生“白首穷经”、“人仕获禄”，阮籍讽刺说：“且汝独不见夫虱之处裩中乎？深逢匿乎坏絮，自以为吉宅也。行不敢离缝际，动不敢出裩裆，嗅以为得绳墨也；饥则啮人，自以为无穷食也。然炎丘火流，焦邑灭都，群虱死于裩中而不能出。汝君子之处区内，亦何异虱之处裩中乎！悲夫！”（《大人传》）如果拿阮籍这段话去针对：“戊戌变法”时的徐桐、刚毅，“五四”运动时的梁启超、钱穆，后来出洋留学回来的贺麟、冯友兰等人，以及“反右”、“文革”时期文人互斗，不是一针见血吗？“自以为得绳墨”的儒生们能出裤裆吗？李贽批孔批儒说：“天生一人，自有一人之用，不待取给于孔子而后足也。若必待取足于孔子，则千古以前无孔子，终不得为人乎？”“反不如市井小夫，身履是事，口便说是事，作生意者但说生意，力田作者但说力田。凿凿有味，真有德之言，令人听之忘厌倦矣！”“匹夫无假，谈道天真。”儒家倒是“博而寡要，劳而少功。”“莫不皆自以为男儿，而其实则皆孩子不如也！”（《李卓吾传》）李贽把“小人（小夫）”与君子的关系颠倒过来了。“小夫”有德有识，君子无德无识。这与孔子、孟子的观点相反。李贽把中华民族的劣根性归于儒家君子士大夫，这又与鲁迅相反：中华民族的劣根性不是小人阿Q精神，而是君子士大夫精神。

自李贽之后，无一人能识破儒学是中华思想文化的糟粕，无一人能在思想文化的深层次归纳出清政府败给别人的原因。今日又掀起了尊孔热，岂不悲哉！

平心而论，孔子、孟子也都是伟大的思想家、教育家。我发现，孔孟之道的伦理学理论前提是“仁义”论，政治学上是温和的“性善”“民本”的君主“仁政”，所设想的社会秩序是“三纲五常”。如果社会能一个仁君接着一个仁君，一个仁政接着一个仁政，那应该是多么好的社会啊！可是事实不如孔、孟所愿。一个人一旦产生了当帝王的政治野心，或者当上了帝王，就失去了正常人的善心，变成了狼子野心，喝人血，吃人肉，抽筋剐皮，挖眼劓鼻等恶事情，无所不为。中国的礼制社会，是一个暴君接着一个暴君，一个暴力政权接着一个暴力政权。可见孔、孟的善良动机与“三纲五常”不相一致，孔子、孟子把“民本”、“仁政”奠基在君主龙庭宝座上，根基错了。所以，庄子批评说：“诸侯之门，而仁义存焉。”“仁义，虎狼也。”

我发现，宋儒改造了孔孟之道。宋儒要“存天理，灭人欲”。所谓“存天理”是“存天子之理”；所谓“灭人欲”是去掉“民本”的“性善”之欲望。那样就完全抛弃了孔孟之道的“温和、性善、民本的仁政”，撕去那温和的“伪善面纱”，剩下赤裸裸的帝王一人的暴力统治。所以，独尊和实践宋儒理学的朱洪武敢于剥活人皮和恢复被汉孝文帝废除了一千多年的活人陪葬制，被明儒认可和歌颂。

我发现，荀子、韩非子有对有错。“王子犯法，与庶民同罪”是对的，是“在法律面前，人人平等”。其错误的是，把立法权和司法权都奠基在君主龙庭宝座上，“金口玉言”和“最高指示”是宪法或最大的法，根基错了，形成了严刑酷律和酷吏制度。

今天的中国人应该尊重和研究孔子、孟子，但是不能独尊儒术。这是事关民族存亡和国家兴衰的根本大事。有例为证。西晋司马政权用《六经》治国，制定九品中正制，宫廷、豪门、士大夫争权夺利蜂起，亡于“五胡乱中原”，剩下半壁江山东晋，又亡于外族。宋朝用宋儒学治国，儒家派系林立，争权夺利不休，亡于金，剩下半壁江山南宋，又亡于蒙古。明朝用宋儒理学治国，忠奸斗争和官宦斗争此起彼伏，亡于满人。清朝继续用宋儒理学治国，旧儒和新儒、主战派和主和派，内斗你死我活，丧权辱国于外洋。如果说用非儒学治国也有改朝换代，那只是国内政权更迭，并非亡国。所以说，用儒学治国国亡，用儒学治人人愚。

如此论述思想文化，就会遭到责问：出国留学求学而求之不得，那么富民强国之道在哪里？博大精深的儒学不是富民强国之道，那么中华五千年的灿烂文化难道就没有富民强国之道吗？

答曰：富民强国之道，不在外而在内，是在每个中国人的心中，即人天生的善心和自然智慧，只是人不能“自知”罢了。李贽云：“道之在人，犹水之在地也；人之求道，犹之掘地而求水也。”“若谓地尽不泉，则人皆渴死久矣。若谓人尽不得道，则人道灭矣，何以能长世也？”为何不能“自知”道在人心中？只是被“道之华”愚弄太久了，使人天生的善心和自然智慧有了蒙垢，使人“不得道”。

富民强国之道不在远而在近，就在我中华五千年文明之中，不是孔孟之道，不是“六经注我”“注”得来的，而是老子之道，只是国人不认得。为何不认得？只是被历来注老解老家们用儒学和学来的譬如辩证论等所蒙垢，使老子之道不现光彩。如果中国文人剥落了心灵上的污垢，恢复了天生的善心和自然智慧，那就自修得道了，心里光明了。

如果中国学界涤除了蒙在老子之道上的儒学和辩证论的污垢，那老子之道就显出光彩来。每个“我”心中的光明与老子之道的光辉互相映照了，就会光耀中华大地，就会“民自富”了，国自强了。那中华大地的光明就会与西方哲学渊源苏·柏体系的光明交融互辉了，中国人才有资格谈论民富国强和民族自豪感。

第二节

紧握“老子体系”这面照妖镜，使斑驳陆离的“现代主义”和“后现代主义”顿现原形

一、简述德国哲学理论与“现代主义”、“后现代主义”、“解构主义”的关系

布洛克界定：“现代主义，又称为现代派运动。出现于19世纪末西方的诗歌、小说、戏剧、音乐、绘画、建筑和其他的艺术领域，后来影响到20世纪大多数艺术特征。……克莫德提出‘对现代主义两个阶段之间有益的粗略区分’，即古现代主义和新现代主义。前者是早期的发展，后者则是超现实主义的和后超现实主义的发展。……后现实主义是一种新的后现代主义的风格（它可以说是对现代派的形式的一种反动），一种合唱式的、综合的乡村艺术，即‘后文化’时代的产物，在这里它强调从任意艺术、反艺术、反文学、自我破坏艺术和新小说等方面来论述艺术的发展。……它同现代思想和现代多元论，以及同本世纪军事的、政治的和意识形态的混乱，都有相当的关系。确实，现代主义的形式，以及断裂、内省和危机的成

分，有时被认为表示人类历史上整个艺术传统的崩溃。”

可见，现代主义和后现代主义本是文学艺术方面的，可是会玩哲学魔术的德国哲学家却把它们搬进哲学领域，编造了现代主义和后现代主义的哲学理论，用文学艺术来取代哲学，或者说把两种不同领域的知识胡搅在一起，使思想界思想混乱，认识模糊，他们就从乱中获得诗人、哲学家的美名。

按挪威人希尔贝克、伊耶的《世界哲学史》的陈述，哲学上的所谓“现代主义”是第一次世界大战前后，以德国人尼采主义为旗帜的一种哲学主义；所谓“后现代主义”是第二次世界大战前后以德国人海德格尔主义为旗帜的一种哲学主义。两种主义都由德国人编造和掀起，由法国人推波助澜而波及世界。西欧和北美因为接种了苏格拉底柏拉图体系的疫苗，受害甚微，其他地区受害较大，中国哲学界受害严重。

我自以为自己是一个情绪沉稳的人，但是，每当有人赞颂德国哲学理论时，我就像旧小说所描述的“一股无名业火从脚底升起”，愤怒起来。因为我走完了从崇拜德国哲学理论到彻底批判和否定德国哲学理论的路程。

德国哲学是什么样的？请详见我的《世界哲学史简述和德国哲学之批判》，这里只就其要害述说一、二、三。

（一）产生德国哲学理论的政治背景和民族传统思想文化背景

德国，王国土壤深厚，民族优越感强烈。从德皇威廉到元首希特勒，都是政治铁腕人物，对内是血腥镇压者，是种族歧视者，对外都是扩张领土的血腥侵略者，是两次世界大战的发动者。如果说，德国思想家也受到了法国启蒙运动思想观点的影响，但是，德国没有爆发民主革命，没有经历文艺复兴和启蒙运动的洗礼，他们的基本思维方式和基本思想观点仍然停留在王国专制和民族优越感的传统习俗里。

（二）德国思想家用自己的思维方式和传统习俗观点来德国化苏格拉底、柏拉图体系和文艺复兴、启蒙运动的思想观点

德国思想家停留在王国专制和民族优越感的传统习俗里，其基本思维方式是线段思维：中点，两极，一分为二。其基本伦理学观点就是专制、斗争。王国专制思想的教育，使他们具有忠君和入仕获禄的功名思想，容易产生残酷的冷冰冰的理性主义。民族优越感和种族歧视的教育，使他们很自负，成为狂妄自大的一群，其实是狭隘无知的一群，容易产生极端的唯意志论、激情主义、超人权力意志论。但是，当王国和个人遭到失败时，他们又极其容易产生悲观主义和虚无主义。当外来思想文化来潮时，一方面，他们的功名利禄思想被鼓动去摘取哲学家桂冠的急功近利中，去编造哲学理论体系；另一方面，他们自负是优等民族的思想家，不服从外来文化的思想理论，就用德国的传统思想文化去德国化外来文化，去闭门造车，用德语编造一套自己的概念的哲学体系，再加以吹嘘炒作，就成了发明新的哲学体系的哲学家。被他们德国化了的外来思想文化主要有西方哲学渊源苏格拉底、柏拉图体系和文艺复兴、启蒙运动的一些主流派的思想观点。例如，被康德“先验”化了的贝克莱的唯心经验论和休谟的唯物经验论，被黑格尔形而上学化了的苏格拉底的“辩证法”，被尼采“颠倒过来的柏拉图主义的形而上学”，被马克思颠倒过来的黑格尔的“唯心辩证法”，被海德格尔“诗艺”化而解构了的“尼采形而上学”，等等。

（三）德国哲学的主流派思想观点

1.残酷的冷冰冰的专制理性主义，而不是苏格拉底、柏拉图、洛克、卢梭的“善即知”的民主理性主义。

黑格尔说：“我们在精神中找到了我们真正的身份。”“当精神生活被如此强调和加强时，个体不相应地变成了一种无关紧要的东西……个体必须忘掉他自己。”这里的“精神”是黑格尔发明的产生宇宙的“对立统一”

的“绝对精神”，落实到政治社会来，是君主的绝对意志。马克思对这种“精神”解释说：“从本质上讲，我们都是社会性的存在，我们只能在一个特定类型的社会中，才能获得自己的身份。”马丁·海德格尔继续解释说：“从本质上讲，我们都是共同体，特别是‘无此人’的一分子，正是在这个共同体中，我们学会了怎样成为一个个体，怎样成为‘本真’的。”

他们都学着亚里士多德的口令“从本质上讲”，但是，他们所讲的都不是亚里士多德那个“社会关系的我”，而是另一种“社会关系的我”。这三个人的意思是：在他们的理想国——普鲁士王国里，社会主义，希特勒纳粹政权，个体的“我”不是有情感的个体，而是会说话的驯服工具；个体的“我”不是有生命的个体，而是国家机器上的一颗螺丝钉；甚至，没有个体的“我”（“无此人”）。这种理性主义难道不是残酷的、冷冰冰的恶性理性主义吗?

是不是所有的理性主义都是这样呢? 不是的。苏格拉底的理性主义是“善即知”，老子的理性主义是“天道无亲，恒与善人”。

（1）康德。康德是残酷的冷冰冰的理性主义的创始人。

康德的本体论里的“自在物”是一个充满对立、矛盾、斗争的统一体。从这个本体“自在物”所呈现的“必然性”和“偶然性”是一种违背天道、人性强加给万物的人为性质，是康德的幻觉物性。从这个“本体论”演绎出来的理论学和政治学思想观点都是充满对立、矛盾、斗争的专制理论。单就康德男尊女卑的思想而言，他比我们的孔子更看不起女人。孔子只说女人难养，还主张为母亲戴孝一年，而康德就不把女人当作人，而是当作泄欲器具和生殖工具。从这可见一斑，这是何等的冷酷啊！康德的思维方式是线段型的“先验论”，是杂糅贝克莱的唯心经验论和休谟的唯物经验论而编造出来的违背人的天生善心和自然智慧的认识论，比孔子的“生而知之，学而知之，困而不知”更低下、更荒谬，是根本不存在的无法实行的思维方式。康德的天生善心和自然智慧被王国专制和民族优越感的传统习俗蒙蔽太深厚，致使他看不到“善”和见不到真理之光。所以，他的“纯粹理性”并非“纯粹”，并不是老子意义上的“见素抱朴”的天道、人性。他的思想混乱，划分不清，定义不明，洋洋百万大作，却没有一个明确的概念，只有依靠他的门徒去进行大量的诠释。这种剽窃和臆造出来的一大堆乱糟糟的文字，居然被民族情绪强烈的德国思想界吹捧为哲学理论的“哥白尼式革命”，真是违背“唯道是从”的事在“人为”呀！

（2）黑格尔。黑格尔把康德的残酷的、冷冰冰的理性主义推向高峰，绝对化了，体系化了。

黑格尔敬佩中国的老子，又瞧不起孔子。黑格尔说：“中国人承认的基本原则是理性——叫做道。道为天地之本，万物之源。老子的著作，尤其是他的道德经，最受世人崇敬。”他又说孔子，《论语》这篇著作，“通篇不过是一些道德教条，这些教条任何文明的民族都有；这些教条甚至还不如西塞罗的《义务论》深刻。”

其实，黑格尔和孔子做学问的方法和他们理论的实用性是一致的。孔子慕名去从老子学道问礼，拿来了老子的“道”和“德”这些好名字，用来包装自己的“仁义”论，去掉了“道”和“德”的实质内容。中国帝王看到了孔子的“仁义”论喜爱而采用，看到老子的《道德经》恐惧而排斥。黑格尔也慕名去拿来苏格拉底、柏拉图体系的“理念”、“存在”、“辩证法”等好名字用来包装自己的“对立统一论”，去掉了“理念”、“存在”、“辩证法”的实质内容。独裁专制者看到黑格尔的“对立统一论”，喜爱和采用，看到苏、柏体系恐惧而排斥。所以，黑格尔体系表面上与苏、柏体系有传统关系，实质上是苏、柏体系的叛逆理论。譬如，“辩证”在苏、柏体系那里是“讨论”、“辩论”的一种方式，在黑格尔那里成了思维和存在的对立统一形式法则。“逻辑”在苏、柏体系里只是思维工具，而在黑格尔那里成了哲学的最高层次的学问。可见，黑格尔与宋儒做学问的目的也一样，不是为了做学问，而是为了个人扬名获利。

辩证逻辑认识方法，详见第八章第一节。

黑格尔从辩证的形而上学推理出了主人与奴隶的辩证的伦理学：当两个人面对时，就产生一种“紧张”，每个人都想被对方承认为主人。最终占上风的成为主人，占下风的成为奴隶。主人迫使奴隶为他工作，人类历史就发展起来。从这个“主人和奴隶”的伦理学观点，就导致了专制独裁制度的合理性：“胜者为王，败者寇”，“普天之下莫非王土；率土之滨，莫非王臣”，“君要臣死臣不得不死”，普鲁王国是理想之国。

辩证法的核心思想是对立统一，每个事物自身内和事物之间充满对立矛盾斗争和转化，这是一种充满残酷斗争和血腥杀戮的思想理论。中国文人绝不可把血腥的辩证法与汉语旳对仗、对称、对偶混为一谈。对仗、对称、对偶是汉语特有旳一种语言美学现象，是人从美学观出发对事物的一种认识，并非是什么辩证法，辩证法不具有这种美学观点。《道德经》里经常出现对仗、对称、对偶的词和句子，一方面是讲语言美，另一方面在思想内容上强调相成、协和的关系，而不是什么对立统一和转化。例如，“无有相生”，“高下相形”，“营魄抱一”，“负阴而抱阳”，“知其白守其黑”，“知其雄守其雌”，等等。《道德经》里没有丝毫的辩证法。

可见，辩证逻辑是康德、费希特、黑格尔等人的一种幻觉虚构，是一种巫术，不是什么知识学问，用辩证逻辑去认识“我”和世界是得不到什么真知识的。

在黑格尔体系里，我们见不到“善”，也见不到自然智慧之光，看见的是充满恶性的残酷无情的斗争、凶杀，处在不见天日的黑漆漆的煤炭笼里，真是冷冰冰的理性主义铁网。可是，民族情绪强烈的德国学者把黑格尔抬高到苏格拉底之上，胡说：“在那棵神树下，上帝没有把最高的智慧给苏格拉底，却给了黑格尔。”吹捧黑格尔体系是“终极体系”，是“绝对真理”。实在是“终极”的、“绝对”的，残酷的冷冰冰的理性主义到黑格尔就走进了死胡同，而人类社会并不理会那“不知常，妄；妄作，凶”的“终极”的、“绝对”的体系，一如既往地向着善道循环运行而去。

（3）费尔巴哈的唯物论。中国文人都熟悉唯物论，此处不论述了。但是，要指出的是，唯物论不承认有形而上学的“道”和灵魂，世界和人只是一堆物质，当然也就不存在什么“善心和自然智慧”了，所以，唯物论也是一种残酷的冷冰冰的理性主义。

对于上述的残酷的冷冰冰的理性主义，在老子看来，它属于应该绝弃的“仁义”论和礼制思想，是“道之华也，愚之首也”，“乱之首也”。

2.极端的个人恣情纵欲主义与极端的颓废悲观主义和虚无主义。

（1）尼采。尼采是一个艺术天资极高的人，他也找到了充分发挥天资的工作。同时，由于生活在德皇野心勃勃和世界动荡不定的局势里，他个人的命运与王国的命运联结在一起。

尼采青年时处在所谓的“乐观”时代，加上少年得志，就狂妄起来。他用王国专制思想和民族自豪感来抒发自己的情绪，思考社会问题。他思考出超人权力意志论，尽管他粉饰自己的超人不是德皇而是歌德，但是德皇、歌德和尼采本人都是他心目中的“超人”，从而演绎出主人哲学和奴隶哲学的所谓“道德谱系”。他的这种思考与苏格拉底的善的民主理论发生冲突，他就破口大骂：“苏格拉底是人类最大的坏蛋！”他的这种思考也与上帝的存在发生冲突，他就诅咒：“上帝死了。”他的这种思考也与康德、黑格尔的冷冰冰的理性主义发生冲突，他就发誓要砸烂一切理性主义铁网。这时的尼采，目空一切，唯我独尊；他在他的“道德谱系”里说了许多虐待奴隶的凶狠的话。这时的尼采，情绪高昂，激情奔放，是“不惜一切代价的表达狂”（《善与恶的彼岸》），他蔑视其他民族，唯德意志民族最优秀，他的神经兴奋到要错乱的程度，疯狂地叫嚣：“为世界统治进行斗争的时刻到来了——它将以根本的哲学学说进行下去。”（《1881年笔记》）在个人生活上，他宣扬超人应该今世恣情纵欲地享乐，不要去理会奴隶的乞求，还说“超人”是“永世轮回”的。

尼采是最典型的“忛而欲作”而不知“阗之以无名之朴”的狂人，必然要遭到“妄作，凶”的恶果。尼采和他的“超人”都逃不脱“天网”的惩罚。好景不长，步入中年的尼采就衰败下来，狂热消失了，情绪一落千丈，跌进悲观主义深渊，感到眼前一片虚无，宣扬起虚无主义来。在这青年时代的极端激情主义与中年的极端虚无主义的强烈反差的精神状态中，尼采从精神到心理到生理发生了病变，不可挽回地神经错乱了：疯了。同样，尼采的“超人”德皇和德意志民族在第一次世界大战中也不可挽回地失败了。尼采的悲剧是一切狂妄分子的悲剧，也是一切狂妄专制政权的悲剧。真是“天网恢恢，疏而不漏”呀！

尼采是一个纳粹主义的才华横溢的疯狂的诗人、散文家、政治思想家。他的“政治思维的终局是一种‘贵族式的极端主义’（格奥尔语、伊耶语）。”尼采的著作，不成体系，将一些哲学概念胡乱地拉扯在一起，他的所谓的形而上学没有本体论，什么“尼采的形而上学”体系，根本称不上哲学体系。可是，尼采的传承人，又一个纳粹主义分子的海德格尔，在第二次世界大战后，为尼采和他自己宣扬，鼓吹“尼采的形而上学”是“颠倒的柏拉图形而上学”是“终结的形而上学”，再一次掀起“尼采热”。这“尼采热”在今日的中国学界热得最为红火。这既是人类思想文化的不祥征兆，又是人类社会的不祥征兆，当然也是我国学界的悲哀。

（2）海德格尔。他是一个名副其实的纳粹分子思想家，是尼采的真正传承人，也是靠传承尼采学说而名扬四海的。他的思想理论没有什么新内容，但是他辞藻华丽，称得上是“美言不信”。他仍然用王国专制思想和德意志民族自豪感来思考问题，思考出在希特勒元首的专制下个人“无此人”论，这是黑格尔的残酷的、冷冰冰的理性主义，也是尼采的“超人权力意志”论，是主人哲学和奴隶哲学的理论前提。在希特勒失败后，他像尼采一样产生悲观主义和虚无主义，但是他没有尼采那样的疯狂激情，转入到“家居思想”的乡村生活，创作田园“诗艺”。其实是对现代工业社会抱着悲观主义和虚无主义态度，但是，他的骨子里仍然是纳粹主义。他以诠释尼采哲学来宣扬纳粹主义，用“诗艺”表达方式来解构传统的哲学体系，用哲理诗歌、哲理散文之类的文学艺术来取代哲学的逻辑的论证。海德格尔的思想内容是贫乏而苍白的，称不上哲学理论，其著作称不上哲学体系。他能引诱和迷惑人的是表达方式，那种“诗艺”的表达方式，也不是他发明的，在古中国的屈原，早就用诗歌体裁来表达哲理的、伦理的思想观点。海德格尔的别出心裁是：胡扯蛮搞，把哲学和文学艺术搅在一起，提倡用“诗艺”表达方式来写哲学论文，甚至用“诗艺”来取代哲学论文。那样，所有的哲学体系就被文学艺术作品给解构了，人们生活在自由抒情的艺术世界里，没有理性主义的束缚，只有叔本华和尼采的自由意志和激情。

海德格尔带着他的邪门歪道和艺术花招闯进了神圣的哲学殿堂，一时间，哲学家们惊讶起来，爱好新花样的青年学者充满了好奇心。就这样，海德格尔以他专长的“诗艺”才华为表达方式，蛊惑羡慕演说艺术的青年学者，在哲学领域打下了一片天地。紧步海德格尔后尘的是萨特、福柯的解构主义。解构主义没有什么新的哲学理论，只是诠释海德格尔的“经由诗艺”的哲学表达方式，企图用文学艺术语言来解构哲学概念，用文学艺术作品替代哲学体系。于是，哲学界的所谓“后现代主义”崛起，解构主义盛行。

以海德格尔为首的这一群，海德格尔是居心不良的，萨特、福柯是无知自大的，其他人是起哄凑热闹的。一时间，闹得哲学殿堂乱哄哄，弄得哲学家们头晕目眩，好像传统的哲学被颠覆了，哲学体系不需要存在了，艺术的激情高于哲学的理智，艺术作品高于哲学理论，艺术家对人对社会的作用超过哲学家。普鲁士王国和希特勒政权是理想国。“理智被激情折服为奴。”（苏格拉底语）当然，在稳定了苏、柏体系的西欧、北美是不会为其所动摇的，受害的是东方哲学界和东方哲学家。

在老子体系里，“现代主义”和“后现代主义”都属于“五色使人目明”的“心发狂”之类的“不知常，妄作”，是“美言不信”，连“道之华”也不是，是“罪莫大于可欲”的犯罪行为。

按苏格拉底对哲学和哲学家的界定，不管是叔本华的唯意志论，还是尼采的激情主义、超人权力意志、悲观主义、虚无主义以及海德格尔的元首制度下的“无此人”论和“诗艺”哲学理论，都是德意志民族的自豪感和德国在两次世界大战失败后的颓废情绪的宣泄，是极端的个人恣情纵欲主义与极端的颓废悲观主义和虚无主义，属于文学、艺术范畴，不是哲学理论，实际上都没有建构哲学体系。如果像叔本华、尼采、海德格尔那一类人称得上是哲学家，他们的文字称得上是哲学体系，那么古希腊的荷马和戏剧家、画家，中国的屈原、李白、马致远、罗贯中、吴承恩、吴敬梓、曹雪芹等，就都成了哲学家了，他们的作品就都是哲学体系了。苏格拉底认为荷马是个缺乏理智而只爱现象美的激情诗人，不是有理智的爱智慧全部的哲学家。

苏格拉底早就批评说："一个人，对自己不懂的东西，你认为他有权利夸夸其谈、好像懂的一样吗？""如果好奇能算是爱智的话，那么你会发现许多荒谬的人物都可以叫做哲学家了。"

亚里士多德说："对于那些神秘隐晦之辞，不值得去认真研究。……尽管他说得头头是道，却并不真实。"

洛克曾经提醒哲学家们说："含糊不清被错当成深刻智慧的典型例子，因此引入误解的抽象，是一项重要的治疗活动。""如果我们不用清晰的概念，别人就不可能知道我们的意思是什么。"

罗伯特说："对那些有某种原因而成为学生偶像的晦涩难懂的哲学家来说，有许多人很自然地被遗忘。花时间阅读这些作品，是得不偿失。"

美国哲学家罗蒂警告说："像尼采和海德格尔这样的哲学家是完全不可接受的，甚至是危险的。"

西塞罗说："聪明伶俐和诡诈术称不上智慧。"

二、为什么中国现代文人那么容易接受尼采、海德格尔、萨特和福柯呢?

在本章第一节论述了“五四”时期的中国文人容易接受康德、黑格尔、费尔巴哈的传统思想原因。20世纪90年代，中国政治思想界掀起“尊孔”热，而哲学界以“崇德”主义为主流，尼采、海德格尔成为了中国青年哲学家的偶像，不少人以自诩为或被人吹捧为“中国的尼采”或“中国的海德格尔”而为莫大光荣，有的哲学家因为中毒太深而轻生。尼采的中国门徒说：“庄子是中国的尼采。”在他们看来，好像具有民族情感和同情心，在抬高庄子的学术地位其实是在丑化庄子，是类比不成其类，是把乌金比作牛粪，把百合花比作罂粟花。庄子是什么样的人物？是不做楚王供养的金龟而宁愿拖着尾巴在泥里爬的自由乌龟，是用生动的寓言故事和严密的论证来论述哲学基本理论的伟大哲学家，岂是崇拜超人权力意志和失去理智而疯狂的尼采所能比附的？庄子大亚里士多德十五岁，说“庄子是中国的亚里士多德”才称得上是类比。看来，德国幽灵始终要附着在现代、当代中国文人这个身体上来。这是为什么呢？这是我们中国文人的身体出了问题，这是我们所奉行的传统思想文化出了问题。

本节再来论述为什么中国现代文人那么容易接受尼采、海德格尔、萨特和福柯。

从朱洪武“独尊儒术”六百多年以来，我们奉行的是宋儒理学残酷且冷冰冰的理性主义。从“拿来”黑格尔“辩证法”和费尔巴哈的“唯物论”后六十多年以来，我们奉行的是德国人残酷且冷冰冰的理性主义。生活在这双重铁网里的中国文人，当然渴望冲破双重铁网，从而使思想得到解放，感情得以自由抒发。改革开放后，中国文人的思想得到了一定的解放，并且自由地抒发了情感。中国思想文化界就爆发了自由抒情与理性主义的冲突。这种自由抒情曾经在20世纪80年代高涨，有毁灭一切理性主义之势，但是遭到理性主义的镇压。在90年代，黑格尔的理性主义与宋儒的理性主义结盟了，它们本来就是一家人。在双重铁网里，自由抒情的激情主义找不到能与之相结合的理性主义，转为悲观主义和虚无主义。

那么有没有一种既是“善即知”的理性主义，又是自由抒情的激情主义的哲学体系呢？有的。在西方有苏格拉底、柏拉图哲学体系，在我们中国本土有古老的老子哲学体系。西方哲学界确立了苏格拉底柏拉图哲学体系为其基本哲学理论框架，所以任何歪门邪道的不能动摇他们的信念。我们哲学界没有确立老子哲学体系为基本理论框架，所以我们就经不住风吹雨打，经不住五花八门的邪门歪道的引诱和迷惑。所以，我认为，“还吾老子”刻不容缓；保持善心，确立“老子体系”为理论框架；站稳脚跟，紧握“老子体系”这面照妖镜，使斑驳陆离的“现代主义”和“后现代主义”顿现原形。

由此可知，本书的旨趣就在于此，本书的价值也在于此。如果本书能面世，是具有很大的反驳价值的。俗云：“鼓不打不响，理不辩不明。”如果有反驳的自由，那么本书反驳了别人，别人也反驳本书观点。这样驳来驳去，理就明了，人人“天生的善心和自然智慧”之道与老子之道就会放射出万丈光芒。

附录一

主要资料书和引文出处书目录

《庄子》，《韩非子集解·喻老、解老》，吴毓江《墨子校注》，嵇康《难自然好学论》，阮籍《大人传》，陶渊明《桃花源记》，葛洪《抱朴子》，《大方广佛华严经》，《坛经》，严遵《道德经指归》，范应元《老子道德经古本集注》，苏辙《老子解》，薛蕙《老子集解》，吴澄《道德真经注》，傅秋涛《李卓吾传》，《河上公注》，王弼《道德真经注》，司马迁《史记》，《论语》，《孟子》，奥修《老子心解》。

夏曾佑《中国古代史》，孙叔平《中国哲学史稿》，胡适《中国哲学史大纲》，蔡元培《中国伦理学史》，《孙中山选集》，严复《老子道德经评点》，梁启超《老子哲学》，林语堂《老子的智慧》，陈鼓应《老子注解及评介》，沈善增《还吾老子》，郭世铭《老子究竟说什么》，董子竹《老子我说》，郑开《道家形而上学研究》，熊十力《新唯识论》，邬昆如主编的《哲学概论》，李连科《中国哲学百年论争》。

邵雍《观物内、外篇》，《程氏遗书》，周敦颐《太极图说》，朱熹《太极图说解》、《四书集注》，贺麟《康德黑格尔哲学东渐记》、《儒家思想的新开展》，钱穆《庄老通辨》，严灵峰《老子达解》，任继愈《老子新解》，张松如《老子校读》，朱谦之《老子校释》，车载《论老子》，胡寄窗《道家的经济思想》，马恒君《老子正宗》。

于海《西方社会思想史》，罗慧生《西方科学哲学史纲》，布洛克等编《现代思潮辞典》，希尔贝克、伊耶《西方哲学史》，王晓朝译《柏拉图全集》，郭斌和译《理想国》，亚里士多德的《形而上学》、《范畴》、《逻辑学》，西塞罗《有节制的生活》，洛克《政府论两篇》、《人类理智论》，卢梭《社会契约论》、《人类不平等的起源》，孟德鸠斯《论法的精神》，罗伯特·所罗门《大问题》，罗纳德·格罗斯《苏格拉底之道》，詹姆斯《实用主义》、《多元的世界》，科恩《论民主》，弗兰克纳《伦理学》，斯宾诺莎《神、人及其幸福简论》，莱布尼茨《单子论》，薛定谔《生命是什么》，《西方哲学原著选读》。

马基雅维利《君主论》，霍布斯《论公民》，休谟《人性论》，康德《纯粹理性批判》、《道德形而上学原理》，黑格尔《小逻辑》、《精神现象学》，谢林《先验唯心论体系》，斯宾塞《生物学原理》、《社会学原理》，恩斯特《尼采、海德格尔与德里达》，杰无·科林斯《海德格尔与纳粹》，尼采《权力意志》、《论道德的谱系》，莫尼卡《关于鹦鹉螺和智人——进化论的由来》，韦伯《社会科学方法论》。

附录二

《道德经》帛书甲本、乙本和楚简残文

说明：帛书《道德经》，《德经》在前，《道经》在后，没有章节编号，文字顺序基本符合通行本——王本，残缺文字不少。本处把《道经》放在前面，给予编号。楚简次序混乱，没有（ ）的编号是帛书甲本的，但是对文字不敢增减，保持残缺文字空白的个数，残缺处用“○”表示。

甲本残文

《道经》

1.道可道也非恒道也名可名也非恒名也无名万物之始也有名万物之母也○恒无欲也以观其眇恒有欲也以观其所噭两者同出异名同胃玄之有玄众眇之○

2.天下皆知美为美恶已皆知善訾不善矣有无之相生也难易之相成也长短之相刑也高下之相盈也意声之相和也先后之相隋恒也是以声人居无为之事行○○○○○○○○○○○也为而弗志也成功而弗居也夫唯弗居也是以弗去

3．不上贤○○○○○○○○○○○民不为○○○○○○民不乱是以声人之○○○○○○○○○○○强其骨恒使民无知无欲也，使○○○○○○○○○○○○○

4.○○○○○○○○盈也潚呵始万物之宗锉其兑解其纷和其光同○○○○○或存吾不知○○○子也象帝之先

5.天地不仁以万物为刍狗声人不仁以百省○○狗天地○○○犹橐籥与虚而不淈蹱而俞出多闻数穷不若守于中

6.浴神○死是谓玄牝玄牝之门是谓○地之根绵绵呵若存用之不堇

7.天长地久天地之所以能○且久者以其不自生也故能长生是以声人芮其身而身先外其身而身存不以其无○舆故能成其私

8.上善治水水善利万物而有静居众之所恶故畿于道矣居善地心善潚予善信正善治事善能蹱善时夫唯不静故无尤

9.揎而盈之不○○○○○兑○之○可长葆之金玉盈室莫之守也贵富而骄自遗咎也功述身芮天○○○

10.○○○○○○○○○○○○○○能婴儿乎修除玄蓝能毋疵乎○○○○○○○○○○○○○○○○○○○○○○○○○○○生之畜之生而○○○○○○○○○德。

11.卅○○○○○其无○○之用也。燃埴为器当其无有埴器○○○○○○当其无有○○用也故有之以为利无之以

为用

12.五色使人目盲驰骋田猎使人〇〇〇难得之货使人行方五味使人之口㘎五音使人之耳聋是以声人之治也为腹不〇〇故去罢取此

13.宠辱若惊贵大梡若身何谓宠辱若惊宠之为下得之若惊失之若〇是谓宠辱若惊何谓贵大梡若身吾所以有大梡者为吾有身也及吾无身有何梡故贵为身于为天下若可以迈天下爱以身为天下女可以寄天下

14.视之而弗见名之曰微听之而弗闻名之曰希播之而弗得名之曰夷三者不可至计故园〇〇〇一者其上攸其下不忽寻寻呵不可名也复归于無物是谓無状之状無物之〇〇〇〇〇〇〇〇〇〇〇〇〇〇而不见其首执今之道以御今之有以知古始是胃〇〇

15.〇〇〇〇〇〇〇〇〇〇〇深不可志夫唯不可志故强为之容曰与呵其若冬〇〇〇〇〇〇畏四〇〇〇其若客涣呵其若凌泽𡉚呵其若楃湷〇〇〇〇〇〇〇〇其若浴浊而情之余清女以重之余生葆此道者不欲盈[夫唯不欲〇〇〇〇〇〇〇成]

16.致虚極也守情表也万物旁作吾以观其復也天物云云各復归于其〇〇〇〇〇静是胃復命復命常也知常明也不知常妄妄作兇知常容容乃公公乃王王乃天天乃道〇〇〇沕身不怠

17.太上下知有之其次亲誉之其次畏之其下母之信不足案有不信〇〇其贵言也成功遂事而百省胃我自然

18.故大道废案有仁义知快出案有大伪六亲不和案有畜兹邦家闷乱案有贞臣

19.绝声弃知民利百负绝仁弃义民复畜兹绝巧弃利益贼无有此三言也以为文未足故令之有所属见素抱〇〇〇〇〇〇〇〇〇〇

20.唯与诃其相去几何美与恶其相去何若人之〇〇亦不〇〇〇〇〇〇〇〇〇〇〇〇〇众人熙熙若乡于大牢而春登台我泊焉未佻若〇〇〇〇纍呵如〇〇〇〇〇〇皆有馀我独遗我禺人之心也惷惷呵鬻〇〇〇〇〇〇閒呵鬻人蔡蔡我独閟呵忽呵其若〇望呵其若无所止〇〇〇〇〇〇〇〇〇悝我欲独异于人而贵食母。

21.孔德之容唯道是从道之物唯望唯忽〇〇〇呵中有象呵望呵忽呵中有物呵滂幼呵鸣呵中有请吔其请甚真其中〇〇自今及古其名不去以顺众仪吾何以知众仪之然以此

22.炊者不立自视者不章〇见者不明自伐者无功自矜者不长其在道曰粽食赘行物或恶之故有欲者弗居

23.曲则金枉则定漥则盈敝则新少则得多则惑是以声人执一以为天下牧不〇视故明不自见故章不自伐故有功弗矜故能长夫唯不争故莫能与之争古〇〇〇〇〇〇〇〇语才诚金归之

24.希言自然飘风不冬朝，暴雨不冬日孰为此天地〇〇〇〇〇〇〇〇〇〇〇故从事而道者同于道德者同于德失者同于失同〇〇〇道亦德者之同于〇者道亦失之

25.有物昆成先天地生繍呵缪呵独立○○○可以为天地母吾未知其名字之曰道吾强为之名曰大大曰筮筮曰○○○○○○天大地大王亦大国中有四大而王居一焉人法地地法○○○○○○○○

26.○为巠根清为趮君是以君子众日行不蘺其甾重唯有环官燕处○○若若何万乘之王而以身巠于天下巠则失本趮则失君

27.善行者無懃迹○言者無瑕適善数者不用梼箖善闭者無関籥而不可启也善结者○○约而不可解也是以圣人恒善愫人而無无人物無弃财是谓愧明故善○○○之师不善人善人之齎也不贵其师不爱其齎唯知乎大眯是谓眇要

28.知其雄守其雌为天下溪为天下溪恒德不鸡恒德不鸡復归婴儿知其日守其辱为天下浴为天下浴恒德乃○恒德乃○○○○○知其白守其黑为天下式为天下式恒德不貣恒德不貣復归于无極楃散○○○○人用则为官长夫大制无割

29.将欲取天下而为之吾见其弗○○○○○○器也非可为者也为者败之执者失之物或行或随或炅或○○○○○或杯或椭。是以声人去甚去大去楮

30.以道佐人主不欲以兵○○天下○○○○○○所居楚荆生之善者果而已矣毋以取强果而毋骄果而毋矜果而○○果而毋得已居是谓○而不强物壮而老是谓之不道之道蚤

31.夫兵者不祥之器○物或恶之故有欲者弗居君子居则贵左用兵则贵右故兵者非君子之器也○○不祥之器也不得

已而用之銛袭为上勿美也美之是乐杀人也夫乐杀不可以得志于天下矣是以吉事上左丧事上右是以便将军居左上将军居右言以丧礼居之也杀人众以悲依立之战胜以丧礼处之

32.道恒无名楃唯〇〇〇〇〇〇王若能守之万物将之宾天地相谷以俞甘洛民莫之〇〇〇〇焉始制有〇〇〇〇有夫〇〇〇〇〇〇所以不〇俾道之在〇〇〇〇〇浴之与江海也

33.知人者知也自知〇〇〇〇〇者有力也自胜者〇〇〇〇〇〇也强行者有志也不失其所者久也死不忘者寿也

34.道〇〇〇〇〇〇〇〇〇〇遂事而弗名有也万物归焉而弗为主则恒无欲也可名于小万物归焉而弗为主可名于大是〇声人之能成大也以其不为大也故能成大

35.执大象〇〇往往而不害安平太乐与饵过格止故道之出言也曰谈呵其无味也〇〇不足见也听之不足闻用之不可既也

36.将欲拾之必古张之将欲弱之〇〇强之将欲去之必古与之将欲夺之必故予之是谓微明软弱胜强鱼不〇脱于潚邦利器不可以视人

37.道恒无名侯王能守之而万物将自忣忣而欲〇〇〇〇〇〇〇名之楃〇〇〇无名之楃夫亦将不辱不辱以情天地将自正

《德经》

38.○○○○○○○○○○○○○○○○德上德无○○无以为也上仁为之○○以为也上义为之而有以为也上礼○○○○○○○○攘臂而乃之故失道而后德失德而后仁失仁而后义○○○○○○○○○○○○○而乱之首也○○○道之华也而愚之首也是以大丈夫居其厚不居其泊居其实不居其华故去皮取此

39.昔之得一者天得一以清地得○以宁神得一以霝浴得一以盈侯○○○而以为○○正其致之也胃天毋已清将恐○胃地毋○○将恐○胃神毋已霝○恐歇胃浴毋已盈将恐渴胃侯王毋已贵○○○○○故必贵而以贱为本必高矣而以下为基夫是以侯王自胃○寡不榖此其○○○○○○○故至数舆无舆是故不欲○○若玉珞○○○

40.○○道善○○○○

41.○○○道之动也弱也者道之用也天○○○○○○○○○○

42.○○○○○○○○○○○○○○○○○○○○中气以为和天下之所恶唯孤寡不榖而王公以自名也勿或敗之○○○之而损故人○○教夕议而教人故强良者不得死我○

以为学父

43.天下之至柔○骋于天下之致坚无有入于無间五是以知无为○○益也不○○教无为之益○下希能及之矣

44.名与身孰亲身与货孰多得与亡孰病甚○○○○○○○○○亡故知足不辱知止不殆可以长久

45.大成若缺其用不幣大盈若盅其用不窘大直如诎大巧如拙大赢如炳趮胜寒靓胜炅请靓为天下正

46.天下有○○走马以粪天下无道戎马生于郊罪莫大于可欲祸莫大于不知足咎莫憯于欲得○○○○○○恒足矣

47.不出户以知天下不规于牖以知天道其出也弥远其○○○○○○○○○○○○○○○○出也弥远其为而○○○○○○○○○○○○○○○○○○○○○○○○.取天下也恒○○○○○○○○○○○○○○○

49.○○○○○以百○之心为○善者善之不善者亦善○○○○○○○○○○○○○○○○○○信也○○之在天下愴愴焉为天下浑心百姓皆属耳目焉圣人○○○

50.○生○○○○○○○有○○○徒十有三而民生生动皆之死地之十有三夫何故也以其生生也盖○○执生者陵行不○兕虎入军不被甲兵矢无所椯其角虎无所昔其蚤兵无所○○○何故也以其无死地焉

51.道生之而德畜之物刑之而器成之是以万物尊道而贵○○之尊德之贵也夫莫之爵而恒自然也道生之畜之长之遂之亭○○○○○○○○○○○○弗有也为而弗寺也长而弗宰也此

胃之玄德

52.天下有始以为天下母既得母以知其○復守其母没身不殆塞其閟闭其门终身不堇啓其闷济其事终身○○○小曰○守柔曰强用其光復归其明毋遗身央是胃袭常

53.使我撂有知○○大道唯○○○○○甚夷民甚好解朝甚除田甚芜仓甚虚服文采带利○○○食○○○○○○○○○○○○○○

54.善建○○拔○○○○○子孙以其祭祀○○○○○○○○○○○○○○○馀修之○○○○○○○○○○○○○○○○○○○○以身○身以家观家以乡观向乡以邦观邦以天○○○○○○○○○○○○○○○○

55.○○之厚○比于赤子逢㾗虫畏地弗螫攫鸟猛兽弗搏骨弱筋柔而握固未知牝牡○○○○○精○至也。终日号而不㥄和之至也和日常知和曰明益生曰祥心使气曰强○○即老胃之不道不道○○

56.○○者弗言言者弗知寒其閟闭其○○其光同其塹坐其兑解其纷是罚玄同故不可得而亲亦不可得而疏不可得而利亦不可得而害不可○而贵亦不可得而浅固为天下贵

57.以正之邦以畸用兵以无事取下天吾何○○○○也哉夫天下○○○而民弥贫民多利器而邦家兹昏人多知而何物兹○○○○○○○盗贼○○○○○○○○○○我无事而民自富我无为而民自化我好静而民自正我无事而民

○○○○○○○○○○

58.○○○○○○○○其正察察其邦夬夬祸福之所倚福祸之所伏○○

59.○○可以有国有国之母可以长久是胃深根固氐○○○○○道也

60.○○○○○○○○○○天下其鬼不神非其鬼不神也其神不伤人也非其神不伤人也圣人亦弗伤○○○不相○○德交归焉

61.大邦者下流也天下之牝天下之郊也牝恒以靓胜牡为其靓○○宜为下大邦○下小○则取小邦小邦以下大邦则取于大邦故或下以取或下而取○大邦者不过欲兼畜小人邦者不过欲入事人夫皆得其欲○○○为下。

62.○者万物之注也善人之葆也不善人之所葆也美言可以市尊行可以贺人人之不善也何○○有故立天子置三卿虽有共之璧以先四马不善坐而进此古之所以贵此者何也不胃○○得有罪以免舆故为天下贵

63.为无为事无事未无未大小之多少报怨以德图难乎○○○○○○○○○天下之难作于易天下之大作于细是以圣人终不为大故能○○○○○○○○○○○必多难。是○○人猷难之故于无难

64.其安也易持也○○○○○○○○○○○○

○○○○○○○○○○○○○○○○○○○○○○
○○○○○毫末九成之台作于嬴土百仁之高台于足
○○○○○○○○○○○○○○○○○也○无败○无执
也故无失也民之从事也恒于其成事而败之故慎终若始则
○○○○○○○○欲不欲而不贵难得之腷学不学复众人之
所过是以能辅万物自○○弗敢为

65.故曰为道者非以明民也将以愚之也民之难
○○○○知也故以知知邦邦之贼也以不知知邦○○德也
恒知此两者亦稽式也恒知稽式此胄玄德玄德深矣远矣与
物○矣乃至大顺

66.○海之所以为百浴王者以其善下之是以能为百浴王
是以圣人之欲上民也必以其言下之其欲先○○必以其身后
之故其居前而民弗害也居上而民弗重也天下乐隼而弗厌也
非以其无静与○○○○○○○静

67.小邦寡民使十百人之器毋用使民重死而远徙
有车周无所乘之有甲兵无所陈○○○○○○○○用之甘
其食美其服乐其俗安其居邻邦相望鸡犬之声相闻民至
○○○○○○

68.○○○○○○○○不○○者不博○者不知善○○○○
者不善圣人无积○以为○○○○○○○○○○○○○○○○
○○○○○○○○○○○○○○○○○○○○○

69.○○○○○○○○○○○○○○○夫唯○故不宵若宵
细久矣我恒有三葆之一曰兹二曰检

○○○○○○○○○○○○○○故能广不敢为天下先故能为成事长今，舍其兹且勇舍其后且先则必死矣夫兹○○则胜以守则固天将建之女以兹垣之

70.善为士者不武善战者不怒善胜敌者弗○善用人者为之下○胃不诤之德是胃用人是谓天古之极

71.用兵有言曰吾不敢为主而为客吾不进寸而芮尺是胃行无行襄无臂执无兵乃无敌矣祸莫於於无適无適斤亡吾吾葆矣故称兵相若则哀者胜矣

72.吾言甚易知也甚易行也而人莫之能知也而莫之能行也言有君事有宗夫唯无知也是以不○○○○○○○我贵矣是以圣人被褐而怀玉

73.知不知尚矣不知不知病矣是以圣人之不病以其○○○○○○

74.○○○畏畏则大○○○矣毋闸其所居无厌猒其所生夫唯弗厌是○○○○○○○○○○○○○○○○而不自贵也故去彼取此

75.勇于敢者○○○于不敢者则栝○○○○○○○○○○○○○○○○○○○○○○不言而善应不召而自来弹而善谋○○○○○○○○

76.○○○○○○○奈何以杀愳之也若民恒是死则而为者吾将得而杀之夫孰敢矣若民○○必畏死则恒有司杀者夫伐司杀者杀是伐大匠斫也夫伐大匠斫者则○不伤其手矣

77.人之饥也以其取食说之多也是以饥百姓之不治也以

其上有以为也○是以不治民之巠死以其求生之厚也是以巠死夫唯无以生为者是贤贵生

78.人之生也柔弱其死也葟仞贤强万物草木之生也柔脆其死也榫槀.故曰坚强者死之徒也柔弱微细生之徒也兵强则不胜木强则恒强大居下柔弱微细居上

79.天下○○○○○者也高者印之下者举之有余者损之不足者补之故天之道损有○○○○○○○○○不然损○○○奉有余孰能有余而有以取奉于天者乎○○○○○○○○○○○○○○○○○○○○○○○○○见贤也

80.天下莫柔○○○○○坚强者莫之能○也以其无○易○○○○○○○○○胜强天○○○○○○○○○行也故圣人之言云曰受邦之訽是胃社稷之主受邦之不祥是胃天下之王○○若反

81.和大怨必有余怨焉可以为善是以圣人右介而不以责于人故有德司介○德司儝夫天道无亲恒与善人

乙本残文

《道经》

1.道可道也○○○○○○○○○○○恒名也无名万物之始也有名万物之母也故恒无欲也○○○○恒又欲也以观其所

噭两者同出异名同胃玄之又玄众眇之门

2.天下皆知美为美亞已皆知善斯不善矣○○○○生也难易之相成也长短之相刑也高下之相盈也音声之相和也，先后之相隋恒也是以圣人居无为之事行不言之教万物昔而弗始也为而弗侍也成功而弗居也夫唯弗居是以弗去

3.不上贤使民不争不贵难得之货使民不为盗不见可欲使民不乱是以圣人之治也虚其心实其腹弱其志强其骨恒使民无知无欲也使夫知不敢弗为而已则无不治矣

4.道冲而用之有弗盈也渊呵似万物之宗锉其兑解其芬和其光同其尘湛呵似或存吾不知其谁之子也像帝之先

5.天地不仁以万物为刍狗圣人不仁○百姓为刍狗天地之间其犹橐籥与虚而不淈屈勤而俞出多闻数穷不若守于中

6.浴神不死是谓玄牝玄牝之门是胃天地之根绵绵呵其若存用之不堇

7.天长地久天地之所以能长且久者以其不自生也故能长生是以圣人芮其身而身先外其身而身存。不以其无私舆故能成其私

8.上善如水水善利万物而有争居众之所亞故几于道矣居善地心善渊予善天言善信正善治事善能动善时夫唯不争故无尤

9.揰而盈之不若其已揣而兑之不可常葆也金玉○室莫之守也贵富而骄自遗咎也功述遂身退天之道也

10.载营魄抱一能毋離乎抟气致柔能婴儿乎修除玄监能

毋有疵乎爱民栝国能毋以知乎天门启阖能为雌乎明白四达能毋以知乎生之畜之生而弗有长而弗宰也是胃玄德

11.卅辐共一毂当其无有车之用也燃埴为器当其无有埴器之用也凿户牖当其无有室之用也故有之以为利无之以为用

12.五色使人目盲驰骋田猎使人心发狂难得之货使人行仿五味使人之口爽五音使人之耳〇是以圣人之治也为腹而不为目故去彼而取此

13.弄辱若惊贵大患若身何胃弄辱若惊弄之为下也得之若惊失之若惊是胃弄辱若惊何胃贵大患若身吾所以有大患者为吾有身也及吾无身有何患故贵为身于为天下若可以橐天下〇爱以身为天下女可以寄天下矣

14.视之而弗见〇之曰微听之而弗闻命之曰希播之而弗得命之曰夷三者不可至计故緒而为一一者其上不谬其下不忽寻寻呵不可命也复归于無物是胃無状之状無物之象是胃沕望随而不见其后迎而不见其首执今之道以御今之有以知古始是胃道纪

15.古之善为道者微眇玄达深不可志夫唯深不可志故强为之容曰与呵其若冬涉水犹呵其若畏四叟严呵其若客涣呵其若凌泽沌呵其若朴湷呵其若浊莊呵其若浴浊而情之徐清女以重之将徐生葆此道〇不欲盈是以能𧝓而不成

16.致虚極也守静督也万物旁作吾以须復也天物秐秐各復归于其根也曰静静是胃復命復命常也知常明也不知常芒

芒作凶知常容容乃公公乃王〇〇天天乃道道乃〇沒身不殆

17.太上下知又〇〇〇亲誉之其次畏之其下母之信不足安有不信犹呵其贵言也成功遂事而百姓胃我自然

18.故大道废安有仁义知慧出安有〇〇六亲不和安又孝兹国家昏閲乱安有贞臣

19.绝圣弃知而民利百倍绝仁弃义而民复孝兹绝巧弃利盗贼无有此三言也以为文未足故令之有所属见素抱朴少私而寡欲绝学无憂

20.唯与呵其相去几何美与亞其相去何若人之所畏亦不可以不畏望呵其未央才众人巸巸若乡于大牢而春登台我博焉未垗若婴儿未咳纍呵似无所归众人皆又馀，我禺人之心也湷湷呵鬻人昭昭我独若蔄呵鬻人察察我独闆闆呵沕呵其若海望呵若无所指众人皆有以我独閺以鄙我欲独异于人而贵食母

21.孔德之容唯道是从道之物唯望唯沕沕呵望呵中又象呵望呵沕呵中有物呵幼呵冥呵其中有请呵其请甚真其中有信自今及古其名不去以顺众父吾何以知众父之然也以此

22.炊者不立自视者不章自见者不明自伐者无功自矜者不长其在道曰餘食赘行物或亞之故有欲者弗居

23.曲则全汪则正洼则盈襒则新少则得多则惑是以圣人执一以为天下牧不自视故章不自见故明不自伐故有功弗自矜故能长夫唯不争故莫能与之争古之所胃曲全者幾语才诚全归之

24.希言自然薊风不冬朝暴雨不冬日孰为此天地而弗能久有兄于人乎故从事而道者同于道德者同于德，失者同于失同于德者道亦德者之同于失者道亦失之

25.有物昆成先天地生萧呵漻呵独立而不玹可以为天地母吾未知其名也字之曰道吾强为之名曰大大曰筮筮曰远远曰反道大天大地大王亦大国中有四大而王居一焉人法地地法天天法道道法自然

26.重为轻根静为趮君是以君子冬日行不远其甾重虽有环官燕处则昭若若何万乘之王而以身轻于天下轻则失本趮则失君

27.善行者無達迹善言者無瑕適善数者不用梼箖善闭者無関籥而不可启也善结者無纆约而不可解也是以圣人恒善怵人而無弃人物無弃财是胃愧明故善人善人之师不善人善人之资也不贵其师不爱其资虽知乎大迷是胃眇要

28.知其雄守其雌为天下鶏为天下鶏恒德不離恒德不離復○○○○○其白守其辱为天下浴为天下浴恒德乃足復归于朴知其白守其黑为天下式为天下式恒德不貣恒德不貣復归于无極朴散则为器圣人用则为官长夫大制无割

29.将欲取○○○○○○○○○○得已夫天下神器也非可为者也为之者败之执之者失之物或行或随隋或热或碓或陪或墮是以圣人去甚去大去楮

30.以道佐人主不以兵强于天下其○○○○○○○棘生之善者果而已毋以取强焉果而毋骄果而毋矜果○○伐果而

毋得已居是胃果而强其事好还物壮而老胃之不道不道蚤已

31.夫兵者不祥之器也物或亚○○○○○○○○○○居则贵左，用兵则贵右故兵者非君子之器者不祥○器也不得已而用之銛恅为上勿美也若美之是乐杀人也夫乐杀人不可以得志于天下矣是以吉事○○○○○○是以偏将军居左而上将军居右言以丧礼居之也杀○○○○○○立之○朕而以丧礼处之

32.道恒无名朴唯小而天下弗敢臣侯王若能守之万物将自宾天地相合以俞甘洛○○○令而自均焉始制有名名亦既有夫将知止知止所以不殆卑○○在天下也犹小浴之与江海也

33.知人者知也自知明也朕人者有力也自朕者强也知足者富也强行者有志也不失其所者久也死不忘者寿也

34.道沨呵其可左右也成功遂○○弗名有也万物归焉而弗为主则恒无欲也可名于小万物归焉而弗为主可名于大是以圣人之能成大也以其不为大也故能成大

35.执大象天下往往而不害安平太乐与○过格止故道之出言也曰淡呵其无味也视之不足见听之不足闻也用之不可既也。

36.将欲擒之必古张之将欲弱之必古强之将欲去之必古与之将欲夺之，必故予○是胃微明柔弱胜强鱼不可说于渊国利器不可以示人

37.道恒无名侯王若能守之，而万物将自化化而欲作将

阗之以无名之朴阗之以无名之朴夫将不辱不辱以静万物将自正

《德经》

38.上德不德是以有德下德不失德，是以無德上德无为而无以为也上仁为之而无以为也上义为之而有以为也上礼为之而莫之应也则攘臂而乃之故失道而句德失德而句仁失仁而句义失义而句礼夫礼者忠信之泊也而乱之首也前识者道之华也而愚之首也是以大丈夫居○○○○居其泊居其实不居其华故去罢而取此

39.昔之得一者天得一以清地得一以宁神得一以霝浴得一以盈侯王得一而以为天下正其至也胃天毋已清将恐莲胃地毋已宁将恐发胃神毋○○○恐歇胃浴毋已盈将恐渴胃侯王毋已贵以高将恐欮故必贵而以贱为本必高矣而以下为基夫是以侯王自胃孤寡不穀此其贱之本与非也故至数舆无舆是故不欲禄禄如玉珞珞若石

40.上○○道堇能行之中士闻道若存若亡下士闻道大笑之弗大笑○○以为道矣是以建言有之曰明道如费进道如退夷道如类上德如浴大白如辱广德如不足建德如○质○○○大方無禺大器免成大音希声天象無邢道褒無名夫唯道善始且善成

41.反也者道之动也○○者道之用也天下之物生于有，

有○于无

42.道生一一生二二生三三生○○○○○○○○○○○以为和天下之所亞唯○寡不穀而王公以自○○○○○○○云云之而益○○○○○○○○○○○○○○○○○○○将以○○父

43.天下之至○驰骋乎天下○○○○○○○無间吾是以○○○○○○也不○○○○○○○○○○○○○矣

44.名与○○○○○○○○○○○○○○○○○○○○○○○○○○○○○○○○○○○○

45.○○○○○○○○○盈如沖其○○○○○○○○○如拙○○○绌趮朕寒○○○○○○○○○○○

46.○○○道却走马○粪无道戎马生于郊罪莫大于可欲祸○○○○○○○○○○○○○○○○○○足矣

47.不出户以知天下不規于○○以知天道其出也籦远其知籦○○○○○○○○○○而名弗为而成

48.为学者日益闻迱者云云之有云以至无祸○○○○○○○取天下恒无事及其有事也○足以取天○

49.○人恒無心以百省之心为心善○○○○○○○○○○善也信者信之不信亦信之德信也人圣之在天下欲欲焉○○○○○○○皆注其○○○○○○○○

50.○生人死生之○○○○○之徒十又三而民生生僮皆之死地之十有三○何故也以其生生盖闻善执生者陵

行不辟兕虎入军不被兵革兕无〇〇〇〇〇〇〇〇〇其蚤兵〇〇〇〇〇〇〇〇〇也以其无〇〇〇

51.道生之德畜之物形之而器成之是以万物尊道而贵德道之尊也德之贵也夫莫之爵也而恒自然也道生之畜之〇〇〇之亭之毒之养之复之〇〇〇〇〇〇〇〇〇〇〇〇〇弗宰也是胃玄德。

52.天下有始以为天下母既得其母以知其子既知其子復守其母没身不佁塞其境闭其门冬身不堇啓其境齐其〇〇〇不棘见小曰明守〇〇强用〇〇〇〇〇〇〇〇〇遗身央是胃〇常

53.使我六有知行于大道唯他是畏大道甚夷民甚好解朝甚除田甚芜仓甚虚服文采带利剑厌食而赍财〇〇〇〇〇和非〇〇〇

54.善建者〇〇〇〇〇〇〇〇〇子孙以其祭祀不绝修之身其德乃真修之家其德有馀修之乡其德乃长修之国其德乃奉夆修之天下其德乃博以身观身以家观家〇〇〇〇国以天下观天下〇〇〇〇天下之然兹以〇

55.含德之厚者比于赤子蠭疠虫蛇弗赫據鸟孟兽弗捕骨筋弱柔而握固未知牝牡之会而朘怒精之至也冬日号而不嗄和〇〇〇〇〇〇〇常知常曰明。益生〇祥心使气曰强昀〇则老胃不道不道早已

56.知者弗言言者弗知塞其境闭其门和其光同其尘锉其兑解其纷是胃玄同故不可得而亲也亦〇〇〇而〇〇〇〇而利〇〇〇得而害不可得而贵亦不可得而贱故为天下贵

57.以正之国以畸用兵以无事取天下吾可以知其然也才失天下多忌讳而民弥贫民多利器○○○○昏○○○○○○○○○○○物兹章盗贼○○是以○人之言曰我无事而民自富我无为而民自化我好静而民自正我无事而民自富我欲不欲而民自朴

58.其正閵其民屯屯其正察察其○○○○○○○○○○○○○○所伏孰知其极○无正也正○○○善复为○○之怸也其日固久矣是以方而不割兼而不刺直而不绁光而不眺

59.治人事天莫若啬夫唯啬是以早服蚤服是胃重积○重积○○○○○○○○○○莫知其○莫知其○○○有国有国之母可○○○是胃○根固氐长生久视之道也

60.治大国若亨小鲜以道立天下其鬼不神非其鬼不神也其神不伤人也非其神不伤人也○○○弗伤人夫两○相伤故德交归焉

61.大国○○○○○○○牝也天下之交也牝恒以静朕牡为其静也故宜为下故大国以下○国则取小国小国以下大国则取于大国故或下○○○下而取故大国者不○欲兼畜人小国者不过欲入事人夫○○其欲则大者宜为下

62.道者万物之注也善人之葆也不善人之所保也美言可以市尊行可以贺人人之不善也何○○○○立天子，置三鄉虽有○○璧以先四马不若坐而进此古○○○○○○○○○不胃求以得有罪以免与故为天下贵

63.为无为○○○○○○○○○○○○

〇〇〇〇〇〇〇〇〇〇乎其细也天下之〇〇〇易天下之大〇〇〇〇〇〇〇〇〇〇〇〇〇〇〇〇〇夫轻诺〇〇信多易必多难是以圣人〇〇之故〇〇〇

64.〇〇〇木生于毫末九成之台作于蘽土百千之高始于足下为之者败之执之者失之圣人无为〇〇〇〇〇〇〇〇〇〇〇〇〇民之从事也恒于其成而败之故曰慎冬若始则无败事矣是以圣人欲不欲不贵难得之货学不学复众人之所过能辅万物自然而弗敢为

65.为道者非以明〇〇〇〇〇也之失民之难治也以其知也故以知知国国之贼也以不知知国国之德也恒知此两者亦稽式也恒知稽式是胃玄德玄德深矣远矣〇物反矣乃至大顺

66.江海所以为百浴〇〇其能下之也是以能为百浴王是以圣人之欲上民也必以其言下之其欲先民也必以其身后之故其居上而民弗重也居前而民弗害也天下乐谁而弗厌也不以其无争与故〇下莫能与之争

67.小国寡民使有十百人之器而勿用使民重死而远徙又车周无所乘之有甲兵无所陈之使民復结绳而用之甘其食美其服乐其俗安其居哭国相望鸡犬之〇〇闻民至老死不相往来

68.信言不美美言不信知者不博博者不知善者不多多者不善圣人无积既以为人己俞有既以予人矣己俞多故天之道利而不害人之道为而弗争

69.天下〇谓我大大而不宵夫唯不宵故能大若宵久矣其细也夫我恒有三琛市而深之一日兹二曰检三曰不敢为天下先夫兹故能勇检敢能广不敢为天下先故能为成器长今舍其兹且勇舍其检且广舍其后且先则死矣夫兹以單则朕以守则固天将建之女以兹垣之

70.善为士者不武善單者不怒善朕敌者弗与善用人者为之下是胃不争〇德是胃用人是胃肥天古之极

71.用兵又言曰吾不敢为主而为客吾不进寸而退尺是胃行无行襄无臂执无兵乃无敌祸莫大於无敌无敌几亡吾吾（王呆）矣故抗兵相若而依者朕〇

72.吾言甚易知也甚易行也而天下莫之能知也莫之能行也夫言又宗事又君夫唯无知也是以不我知知者希则我贵矣是以圣人被褐而怀玉

73.知不知尚矣不知知病矣是以圣人之不〇也以其病病也是以不病

74.民之不畏畏则大畏将至矣毋伄其所居毋猒其所生夫唯弗厌是以不厌是以圣人自知而不自见也自爱而不自贵也故去罢取此

75.勇于敢则杀勇于不敢则栝〇两者或利或害天之所亞孰知其故天之道不單而善朕不言而善应不召而自来單而善谋天网経経疏而不失

76.若民恒且畏不畏死奈何以杀愳之也若民恒且畏死而为畸者〇得而杀之夫孰敢矣若民恒且必畏死则恒又司杀者

夫代司杀者杀是代大匠斫也夫代大匠斫则希不伤其手

77.人之饥也以其取食税之多是以饥百生之不治也以其上之有以为也〇以不治民之轻死也以其求生之厚也是以轻死夫唯无以生为者是贤贵生

78.人之生也柔弱其死也䏬信坚强万〇〇木之生也柔椊其死也棹槁.故日坚强死之徒也柔弱生之徒也〇以兵强则不胜朕木强则競强大居下柔弱居上

79.天之道酉张弓也高者印之下者举之有余者云之不足者〇〇〇〇〇〇云有余而益不足人之道则不然云不足以奉又余孰能又余而〇〇〇奉于天者唯又道者乎是以圣人为而弗又成功而弗居也若此其不欲见贤也

80.天下莫柔弱于水〇〇〇〇〇〇〇〇〇〇〇以其无以易之也水之朕刚也弱之朕强也天下莫弗知也而〇〇〇也是故圣人之言云曰受国之詢是胃社稷之主受国之不祥是胃天下之王正言若反

81.禾大〇〇〇〇〇〇〇〇〇为善是以圣人右芥而不以责于人故又德司介芥无德司𢿟〇〇〇〇〇〇〇〇〇〇

楚简甲

说明：没有（ ）的编号是帛书的，是为了便于与帛书对照。有些字形现代汉字没有，只好改用现代字形。

（1）19.绝智弃辩民利百倍绝敁弃利盗惻亡又绝㤅弃

慮民复季子三言以为文不足或命之或乎豆视索保僕少厶即须欲

（2）66.江海所以为百浴王以其能为百浴下是以能为百浴王圣人之才民前也以身占之其才民上也以言下之其才民上也民弗厚也其才前也民弗害也天下乐进而弗詀以其不静也古天下莫能与之静

（3）46.罪莫大于可欲祸堇大于知不足咎莫憯于欲得〇〇〇之为足此亙足矣

（4）30.以道差人宔者不谷以兵强于天下善者果而已不以取强果而弗婺果而弗乔果而弗矜是胃果而不强其事

（5）15.长.古之善为士必非溺玄达深不可志是以为之颂夜乎奴冬涉川犹乎其奴畏四邻敢乎其奴客涣乎其奴泽屯乎其奴朴坉乎其奴浊竺能浊以朿者将舍竺能庀以迬者将舍生保此道者不谷立尚呈

（6）64.为之者败之执之者遠是以圣人亡为古亡败亡执古亡遠失临事之纪慎终女始亡此败事矣圣人谷不谷不贵难得之货孛不孛复众人之所过是古圣人能尃万勿之自肰而弗能为

（7）37.道亘亡为也侯若能守之而万勿将自愄愄而欲作将貞之以亡名之朴夫亦将智足智以朿万勿将自定

（8）63.为亡为事亡事未亡未大小之多惕必多难是以圣人猷难之古终亡难

（9）2.天下皆智美为美也亞已皆智善此其不善已又亡

之相生也难惕之相成也长耑之相型也高下之相涅也音圣之相和也，先后之相墮是以圣人居亡为之事行不言之孝万勿作而弗始也为而弗志也成而弗居也天唯弗居也是以弗去也

（10）32.道亙亡名僕唯妻天地弗敢臣侯王女能獸之万勿将自宾天地相合也以逾甘露民莫之命天自均安始折又名名亦既又夫亦爿将智止智止所以不始卑道才天下也犹少浴之与江海

（11）25.又物虫成先天地生繡繆独立不亥可以为天下母未智其名字之曰道吾强为之名曰大大曰邀邀曰远远曰反天大地大道王亦大国中又四大王居一安人法地地法天天法道道法自肰

（12）5.天地之间其猷槖籥与虚而不屈蹱而愈出

（13）16.至虚亙也獸中表也万勿方作居以须复也天道員员各复其堇

（14）64.其安也易持也其未兆也易谋也其脆也易畔也其几也易践为之于其亡又也治之于其未乱合〇〇〇〇〇〇〇末九成之台甲〇〇〇〇〇〇〇〇〇〇足下

（15）56.智之者弗言言之者弗智闭其兑赛其门和其光同其尘，畜其锐，解其纷是胃玄同故不可得天新亦不可得而疋不可得而利亦不可得而害不可得而贵亦不可得而戔古为天下贵

（16）57.以正之邦以奇甬兵以亡事取天下吾可以知其肰也夫天下多期韦而民尔畔民多利器而邦慈昏人多智天

下奇勿慈起法勿慈章盗恻多又是以圣人之言曰我无事而民自富我亡为而民自恼我好青而民自正我谷不谷而民自朴

（17）55.含悳之厚者比于赤子蜂蠆虫它弗螫攫鸟猷猷弗扣骨溺堇柔而捉固未智牝戊之合然怒精之至也终日呼而不忧和之至也和曰智智和曰明賹生曰羕心使气曰雳勿壄则老是胃不道

（18）44.名与身孰新身与货孰多得与亡孰病甚炁必大费多藏必多亡智止不怠可以长舊

（19）41.返也者道之僮也也者者道之甬也天下之勿生于有，生于亡

（20）9.持而浧之不若已湍而群之不可长保也金玉浧室莫能獸也贵富乔自遗咎也功述身退天之道也

楚简乙

（21）59.治人事天莫若嗇夫唯嗇是以早是以早備是胃〇〇〇〇〇〇〇〇〇不克〇不克則莫其亙莫其亙可以又域又域之母可以长……长生舊视之道也

（22）48.学者日益为道者日員員之或員以至亡为也亡为而亡不为

（23）20.绝学亡忧唯与可相去几可唯与亞相去可若人之所畏亦不可以不畏

（24）13.人宠辱若纓贵大患若身可胃宠辱宠之为下也

得之若缨失之若缨是胃宠辱缨○○○若身吾所以又大患者为吾又身及亡或可○○○○○○○为天下若可以尾天下炁以身为天下若可以迲天下矣

（25）40.上士昏道堇能行于其中土昏道若昏若亡下士昏道大笑之弗大笑不足以为道矣是以建言又之明道女孛迟道○○○道若退上悳女浴大白女辱中主悳德女不足建德女○○贞女愉质大方亡禺大器曼成大音祇圣天象亡垚道○○○○○○○○○

（26）45.閉其门赛其兑终身不瘔启其兑赛其事终身不殆.大成若夬其甬不幣大涅若中其用不穷大成若诎大植若屈桌胜苍青胜然清清为天下定

（27）54.善建者不拔善休者不兑子孙以其祭祀不乇攸之身其悳乃贞攸之家其悳又舍攸之向其悳乃长攸之邦其悳乃奉攸之天下○○○○○○○○家以向观向以邦观邦以天下观天下吾可以智天○○○○○

楚简丙

（28）17.太上下智又之其即新誉之其既畏之其即母之信不足安又不信犹吾其贵言也成事述功而百眚曰我自肰

（29）18.古大道發安又仁义六亲不和安又孝兹邦家緍○安又正臣

（30）35.执大象天下往往而不害安坪大乐与饵过客

止古道〇〇〇淡可其无味也视之不足见聖之不足闻而不可既也

（31）31.君子居则贵左甬兵则贵右古曰兵者〇〇〇〇〇〇得已而甬之銛袭为上勿美也美之是乐杀人夫乐〇〇〇以得志于天下古吉事上左丧事上右是以卞又牺军居左上将军居右言以丧豊居之也古杀〇〇则以依悲位之戰胜则以丧豊居之

（32）64.为之者败之执之者失之圣人无为古无败也无执故〇〇〇终若始败无败事荳人之败也亙于其成也败之是以人谷不谷不贵难得之货学不学復众之所过是以能補万勿之自肰而弗敢为

楚简（影印本）

附录三：

王弼《道德真经注》

说明：只摘录第一章的注释，其余章节只抄写经文。

《道经》

1.道可道非常道名可名非常名（可道之道可名之名指事造形非其常也故不可的不可名也）无名天地之始有名万物之母（凡有皆始于无故未形无名之时则为万物之始及其有形有名之时则长之育之亭之毒之为其母也言道以无形无名始成万物以成而不知其所以玄之又玄也）故常无欲以观其妙（妙者微之极也万物始于微而后成始于无而后生故常无欲空虚可以观其四物之妙）常有欲也观其所曒徼（徼归终也凡有之为利必以无为用欲之所本适道而后济故常有欲可以观其终物之徼也）此两者同出而异名同胃之玄玄之又玄众妙之门（两者始与母也同出者同出于玄也异名所施不可同也在首则谓之始在终则谓之母玄者冥也始母之所出也不可得而名故不可言同名曰玄而言谓之玄者取于不可得而谓之然也谓之然则不可以定乎一玄而已则是名则失之速矣

故曰玄之又也众妙皆同而出故曰众妙之门也）

2.天下皆知美之为美斯恶已皆知善之为善斯不善已故有无生难易相成长短相较高下相倾音声相和前后相随是以圣人处无为之事行不言之教万物作焉而不辞生而不有为而不恃功成而弗居夫唯弗居是以不去

3.不尚贤使民不争不贵难得之货使民不为盗不见可欲使民心不乱是以圣人之治虚其心实其腹弱其志强其骨常使民无知无欲使夫智者不敢为也为无为则无不治

4.道冲用之或不盈也渊兮似万物之宗锉其兑解其纷和其光同其尘湛呵似或存吾不知其谁之子也象帝之先

5.天地不仁以万物为刍狗圣人不仁以百姓为刍狗天地之间其犹橐籥乎虚而不屈动而愈出多言数穷不如守中

6.谷神不死是谓玄牝玄牝之门是胃天地根绵绵呵其若存用之不勤

7.天长地久天地所以能长且久者以其不自生故能长生是以圣人后其身而身先外其身而身存非以其无私邪故能成其私

8.上善若水水善利万物而不争居众人之所恶故幾于道居善地心善渊与善仁言善信正善治事善能动善时夫唯不争故无尤

9.持而盈之不如其已揣而棁之不可常保金玉满堂莫之能守富贵而骄自遗其咎功述遂身退天之道

10.载营魄抱一能毋離乎专气致柔能婴儿乎涤修除玄览

能无疵乎爱民治国能无知知乎天门开阖能无雌乎明白四达能无为乎生之畜之生而不有无而不恃长而不宰是胃玄德

11.三十辐共一毂当其无有车之用埏埴以为器当其无有器之用凿户牖以为室当其无有室之用故有之以为利无之以为用

12.五色令人目盲五音令人耳聋五味令人口爽驰骋田猎令人发狂难得之货令人行妨是以圣人为腹不为目故去彼而取此

13.宠辱若惊贵大患若身何谓宠辱若惊宠为下得之若惊失之若惊是胃宠辱若惊何谓贵大患若身吾所以有大患者为吾有身及吾无身吾有何患故贵以身为天下若可寄天下〇爱以身为天下若可托天下

14.视之不见名曰夷听之不闻命之曰希搏之不得命之曰微此三者不可致诘故混而为一其上不皦其下不昧绳绳不可名复归于無物是谓無状之状無物之象是惚恍迎之不见其首随之不见其后执古之道以御今之有能知古始是谓道纪

15.古之善为士者微眇玄通深不可识夫唯不可识故强为之容曰豫焉若冬涉川犹兮其若畏四邻俨兮其若客涣兮其若冰之将释敦兮其若朴旷兮其若谷混兮其若浊孰能浊而静之徐清孰能安以久动之徐生保此道者不欲盈夫唯不盈故能蔽而不新成

16.致虚極守静笃万物并作吾以观復夫物芸芸各復归其根归根曰静是胃復命復命曰常知常曰明不知常妄作凶知常

容容乃公公乃王乃天天乃道道乃久殁身不殆

17.太上下知有之其次亲而誉之其次畏之其次侮之信不焉有不信焉悠兮其贵言功成事遂百姓皆谓我自然

18.大道废有仁义慧智出有大伪六亲不和有孝慈国家昏乱有忠臣

19.绝圣弃知民利百倍绝仁弃义民复孝慈绝巧弃利盗贼无有此三者以为文不足故令有所属见素抱朴少私寡欲

20.绝学无憂唯之与呵其相去几何善之与恶其相去何若人之所畏不可以不畏荒兮其未央哉众人熙熙若如享太牢如春登台我独泊兮其未兆如婴儿未孩儽儽兮若无所归众人皆有馀，而我独若遗我愚人之心也哉沌沌兮俗人昭昭我独昏昏鬻俗人察察我独闷闷澹澹兮其若海其若海飚兮若无止众人皆有以而我独顽似鄙我独异于人而贵食母

21.孔德之容唯道是从道之为物唯恍唯惚恍惚兮恍兮其中有象恍兮惚兮其中有物窈兮冥兮其中有精其精甚真其中有信自古及今其名不去阅众甫吾何以知众甫之状哉以此

22.曲则全枉则直洼则盈敝则新少则得多则惑是以圣人抱一以为天下式不自见故明不自是故章不自伐故有功不自矜故长夫唯不争故天下莫能与之争古之所胃曲则全者其虚言哉诚全归之

23.希言自然飘风不冬朝骤雨不终日孰为此天地天地尚不能久而况于人乎故从事而道者道者同于道德者同于德，失者同于失同于德同于道者道亦乐得之同于道德者德亦乐

得之同于失者失亦乐得之信不足焉有不信焉

24.企者不立跨者不行自见者不明自是者不章自伐者无功自矜者不长其在道曰餘食赘行物或恶之故有道者不处

25.有物混成先天地生寂兮寥兮独立不改周行而不殆可以为天下母吾不知其名字之曰道强为之名曰大大曰逝逝曰远远曰反故道大天大地大王亦大域中有四大而王居一焉人法地地法天天法道道法自然

26.重为轻根静为趮君是以君子冬日行不远其甾重虽有环官燕处则昭若若何万乘之王而以身轻于天下轻则失本趮则失君

27.善行者無辙迹善言者無瑕谪善数者不用筹策善闭者無関键而不可开也善结者無绳约而不可解是以圣人恒善救人故無弃人物常善救物故無弃物是袭明故善人者不善人之师不善人者善人之资不贵其师不爱其资虽知大迷是谓要妙

28.知其雄守其雌为天下谿为天下谿常德不離復归于婴儿知其白守其黑为天下式为天下式常德不忒复归于无极知其荣守其辱为天下谷为天下谷常德乃足復归于朴朴散则为器圣人用之则为官长故大制不割

29.将欲取天下而为之吾见其不得已天下神器不可为也为者败之执者失之故物或行或随或嘘或吹或强或羸或挫或墮是以圣人去甚去奢去泰

30.以道佐人主者不以兵强天下其事好还师之所处棘生焉大军之后必有凶年善有果而已不敢以取强果而勿矜果而

勿伐果而毋骄果而不得已果而勿强物壮则老是谓不道不道早已

31.夫佳兵者不祥之器也物或恶之故有道者不取君子居则贵左，用兵则贵右兵者不祥之器非君子之器不得已而用之恬淡为上胜而不美而美之者是乐杀人夫乐杀人者则不可以得志于天下矣是以吉事尚左凶事尚右偏将军居左上将军居右言以丧礼处之杀人之众以哀悲泣之作胜以丧礼处之

32.道常无名朴虽小而天下莫能臣也侯王若能守之万物将自宾天地相合以降甘露民莫之令而自均始制有名名亦既有夫亦将知止知止可以不殆譬道之在天下犹川谷之于江海

33.知人者知自知明胜人者有力自胜者强知足者富强行者有志不失其所者久死不忘者寿

34.道汜兮其可左右万物恃之而生而不辞功成不名有衣养万物而不为主常无欲可名于小万物归焉而不为主可名为大以其终不自为大故能成大

35.执大象天下往往而不害安平太乐与饵过客止道之出口淡乎其无味视之不足见听之不足闻用之不足既

36.将欲歙之必固张之将欲弱之必固强之将欲废之必固兴之将欲夺之，必故与之是谓微明柔弱胜刚强鱼不可脱于渊国之利器不可以示人

37.道常无为而无不为侯王若能守之而万物将自化化而欲作吾将镇之以无名之朴无名之朴夫亦将无欲不欲以静天下将自定

《德经》

38.上德不德是以有德下德不失德是以無德上德无为而无以为下德为之而有以为上仁为之而无以为上义为之而有以为上礼为之而莫之应则攘臂而扔之故失道而后德失德而后仁失仁而后义失义而后礼失礼者忠信之薄而乱之首前识者道之华而愚之始是以大丈夫处其厚不居其薄处其实不居其华故去彼取此

39.昔之得一者天得一以清地得一以宁神得一以靁谷得一以盈无为得一以生侯王得一而以为天下贞其致之天无以清将恐裂地无以宁将恐发胃神无以灵将恐歇谷无以盈将恐竭无为无以生将恐灭侯王无以贵高将恐蹶故贵而以贱为本高矣而以下为基是以侯王自谓孤寡不穀此非以贱之本邪非乎故至数与无輿不欲球球如玉珞珞如石

40.反也者道之动弱者道之用天下万物生于有，有生于无

41.上士闻道勤而行之中士闻道若存若亡下士闻道大笑之不笑不足以为道故建言有之曰明道若昧进道若退夷道若类上德若谷大白若辱广德若不足建德若偷质真若渝大方無禺大器晚成大音希声大象無形夫唯道善贷且成

42.道生一一生二二生三三生万物万物负阴而抱阳冲气以为和人之所恶唯孤寡不穀而王公以为称故物或损之

而益或益之而损人之所教我亦教之强梁者不得其死我将以为教父

43. 天下之至柔驰骋天下之至坚无有人無间吾是以知无为之有益不言之教无为之益天下希及之

44.名与身孰亲身与货孰多得与亡孰病是故甚爱必大费多藏必厚亡知足不辱知止不殆可以长久

45.大成若缺其用不幣大盈若冲其用不穷大直若屈大巧若拙大辩若讷趮胜寒静胜热清静为天下正

46.天下有道却走马以粪天下无道戎马生于郊祸莫大于不知足咎莫大于欲得故知足之足常足矣

47.不出户知天下不规牖见天道其出弥远其知弥少是以圣人不行而知不见而名

48.为学者日益为道日损损之又损以之于无为无为而无不为取天下常以无事及其有事不足以取天下

49. 圣人常無心以百省心为心善者吾善之不善者吾亦善之德善信者吾信之不信者亦信之德信圣人在天下歙歙为天下浑其心圣人皆孩之

50.出生入死生之徒十有三死之徒十有三人之生动之死地亦十有三夫何故以其生生之厚盖闻善摄生者陵行不遇兕虎入军不被甲兵兕无所投其角虎无所措○其爪兵无所容其刃夫何故以其无死也

51.道生之德畜之物形之势成之是以万物莫不尊道而贵德道之尊德之贵夫莫之命而常自然也道生之德畜之长

之育之亭之毒之养之复之生而不有为而不恃长而不宰是谓玄德。

52.天下有始以为天下母既得其母以知其子既知其子復守其母没身不佁塞其兑闭其门终身不勤闭其兑济其事终身不救见小曰明守柔曰强用其光复归其明无遗身殃是为习常

53.使我介然有知行于大道唯施是畏大道甚夷而民甚好径朝甚除田甚芜仓甚虚服文采带利剑厌饮食财货有余是谓盗夸

54.善建者不拔善抱者不脱子孙以其祭祀不辍修之于身其德乃真修之于家其德乃馀修之于乡其德乃长修之要国其德乃丰修之于天下其德乃普故以身观身以家观家以乡观乡以国观国以天下观天下吾何以知天下然哉以此

55.含德之厚比以于赤子蜂虿虺蛇不螫猛兽不據鸟攫不搏骨弱筋柔而握固未知牝牡之合而全作精之至也终日号而不嘎和之至也知和曰常知常曰明。益生曰祥心使气曰强物壮则老谓之不道不道早已

56.知者不言言者不知塞其兑闭其门锉其锐解其分和其光同其尘是谓玄同故不可得而亲不可得而疏不可得而利不可得而害不可得而贵不可得而贱故为天下贵

57.以正之国以奇用兵以无事取天下吾可以知其然哉以此天下多忌讳而民弥贫民多利器国家滋昏人多伎巧奇物滋起法令滋彰盗贼多有故圣人云我无为而民自化我好静而民自正我无事而民自富我欲不欲而民自朴

58.其政闷闷其民淳淳其政察察其民缺缺祸兮福所倚福兮祸之所伏孰知其极其无正也正复为奇善复为妖人之迷其日固久是以圣人方而不割廉而不劌直而不肆光而不耀

59.治人事天莫若啬夫唯啬是谓早服早服谓之重积德重积则无不克无不克则莫知其极有国有国之母可以长久是谓深根固柢长生久视之道

60.治大国若烹小鲜以道莅天下其鬼不神非其鬼不神其神不伤人非其神不伤人圣人亦不伤人夫两不相伤故德交归焉

61.大国者下流天下之交天下之牝常以静胜牡以静为下故大国以下小国则取小国小国以下大国则取大国故或下以取或下而取大国不过欲兼畜人小国不过欲入事人夫两者各得其所欲大者宜为下

62.道者万物之奥善人之宝不善人之所保美言可以市尊行可以加人人之不善何弃之有故立天子置三公虽有拱璧以先驷马不若坐而进此道古之所以贵此道者何不曰以求得有罪以免邪故为天下贵

63.为无为事无事味无味大小多少报怨以德图难于其易为大于其细天下难事必作于易天下大事必作于细是以圣人终不为大故能成其大夫轻诺必寡信多易必多难。是以圣人猷难之故终无难矣

64.其安易持其未兆易谋其脆易泮其微易散为之于为有治之于未乱合抱之木毫末九成之台起于累土千里之行始于

足下为者败之执执者失之是以圣人无为故无败无执故无失民之从事常于几成而败之慎终如始则无败事是以圣人欲不欲不贵难得之货学不学复众人之所过以辅万物之自然自而不敢为

65.古之善为道者非以明民将以愚之民之难治以其智多以智治国国之贼不以智治国国之福知此两者亦稽式常知稽式是谓玄德玄德深矣远矣与物反矣然后乃至大顺

66.江海之所以为百谷王者以其善下之故能为百谷王是以欲上民必以言下之欲先民必以其身后之是以圣人处上而民不重处前而民不害是以天下乐推而不厌以其不争故天下莫能与之争

67.天下皆谓我道大似不宵夫唯大故似不宵若宵久矣其细也夫我有三宝持而保持之一曰慈二曰俭三曰不敢为天下先慈故能勇俭故能广不敢为天下先故能成器长今舍慈且勇舍俭且广舍后且先死矣夫慈以战则胜以守则固天将救之以慈卫之

68.善为士者不武善战者不怒善胜敌者不与善用人者为之下是谓不争之德是谓用人之力是谓配天古之极

69.用兵有言吾不敢为主而为客不敢进寸而退尺是谓行无行攘无臂扔无敌执无兵祸莫大於轻敌轻敌几丧吾宝故抗兵相加哀胜矣

70.吾言甚易知甚易行天下莫能知莫能行夫言有宗事有君夫唯无知是以不我知知我者希则我贵是以圣人被褐怀玉

71.知不知上不知知病夫唯病病是以不病圣人不病以其病病是以不病

72.民不畏威则大威至无狎其所居无猒其所生夫唯不厌是以不厌是以圣人自知不自见自爱不自贵故去彼取此

73.勇于敢则杀勇于不敢则活此两者或利或害天之所恶孰知其是以圣人犹难之天之道不争而善胜不言而善应不召而自来繟而善谋天网恢恢疏而不失

74.民不畏死奈何以死惧之若使民常畏死而为奇者吾得执而杀之孰敢常有司杀者杀夫代司杀者杀是谓代大匠斫夫代大匠斫希有不伤其手矣

75.人之饥以其上取食税之多是以饥民之难治以其上之有以为是以难治民之轻死以其求生之厚是以轻死夫唯无以生为者是贤于贵生

76.人之生也柔弱其死也坚强万物草木之生也柔脆其死也枯槁.故坚强者死之徒柔弱者生之徒是以兵强则不胜木强则兵强大处下柔弱处上

77.天之道其犹张弓与高者抑之下者举之有余者损之不足者补之天之道损有余而补不足人之道则不然损不足以奉有余孰能有余以奉天下唯有道者是以圣人为而不恃功成而不处其不欲见贤

78.天下莫柔弱于水而攻坚强者莫之能胜其无以易之弱之胜强柔之胜刚天下莫不知莫能行是以圣人云受国之垢是谓社稷主受国之不祥是为天下王正言若反

79.和大怨必有余怨安可以为善是以圣人执左契而不责于人故有德司契无德司徹天道无亲常与善人

80.小国寡民使有什伯之器而不用使民重死而远徙虽有舟舆无所乘之虽有甲兵无所陈之使人復结绳而用之甘其食美其服安其居乐其俗邻国相望鸡犬之声相闻民至老死不相往来

81.信言不美美言不信善者不辩辩者不善知者不博博者不知圣人不积既以为人己愈有既以与人己愈多天之道利而不害人之道为而不争